ICT で変わる 算数授業

はじめの一歩

古川　俊 著

1人1台端末を活かす授業デザイン

JN043632

明治図書

🎤 はじめに ▢

ICTって算数の授業で一番使いにくい

　理科や社会のように何かを調べたりする活動はほとんどないし，音楽や体育のように動画を撮ったり見せたりする活動もない。数式は書きにくいし，黒板とノートで授業をした方が良い学びになる。

かつての私が感じていたことです。

いえ，今でも実は思っています。

　今ですら，黒板を使うことはなくなりましたが，プリントを使うことは他の教科より多くあります。分度器やコンパスを使う単元や切ったり折ったりする活動ではデジタルツールには置き換えられない体験や価値があると思うからです。

　しかし，1人1台端末の導入が進み，算数の授業でも ICT を活用して授業を行うと，圧倒的に授業準備が楽になりました。私は授業用のプリントと早く終わった子ども用に発展問題のプリントをたくさん作って印刷していましたが，単元ごとに作成すると膨大な量になります。
　今では作り終えたら時間を指定しておくだけで，欠席している子も含めて全員に配布してくれます。発展問題のプリントは Google フォームというツールで作成しておくことで自動採点してくれるので，私は支援の必要な子どものところへ行きサポートすることができます。

とはいえ，最初から全てがうまくいったわけではなく，失敗したこともたくさんあります。「先生，書き込みができなくなりました！」「私の書いた文章が消えちゃいました！」こんなことばかりで，最初は授業がなかなか進みませんでした。

　それでも諦めずに続けていくと，「そのときは再起動すれば直るよ！」とか「グループで書くスペースを決めよう！」とか，私も含めてクラス全体のデジタルリテラシーが上がっていきました。半年くらい経つと，算数の問題を解説する動画を友達と協働して作成するようになり，ICT なくしては到達できない深い学びが行われるようになりました。

　「令和の日本型学校教育」実現のために ICT は必要不可欠です。この本は，算数の授業で ICT を活用したいと考えている先生が「はじめの一歩」でつまずかないように書かせていただきました。

　第4章以降ですぐに使えるテンプレートを用意しましたので，まずはテンプレートをぜひ触って試してみてください。使い方に困ったら動画でも確認できるようYouTube（右 QR）でも解説しています。

　「はじめの一歩」が一番大変です。うまくいかないことも多くあります。でもそれを乗り越えたときに，ICT を使った「令和の日本型学校教育」の実現に近づき，何より子どもたちが楽しく算数を学ぶ姿を見ることができるでしょう。

古川　俊

目次

第3章　授業デザインをアップデート

第4章　**A　数と計算での ICT 活用**　

 第5章　**B　図形での ICT 活用**

第6章　C　測定（変化と関係）でのICT活用

第7章　D　データの活用でのICT活用

第1章

算数とICT

1 どんな場面で活用すれば良いの？

　まず，どんな場面で ICT を活用できるのかを知ることから始めましょう。第2章でそれぞれの場面について詳しく説明していきますので，ここでは活用の場面をイメージしてみてください。

資料や課題を提示するとき

　教室にテレビや電子黒板，プロジェクターなどは設置されていますか？設置されていれば，iPad や Chromebook などの端末と接続して，教科書や作成した問題を写すことができます。デジタル教科書を利用していれば，教科書の問題や図を拡大印刷して黒板に貼る必要はないですし，アニメーションで操作できるデジタルコンテンツが多く用意されています。YouTube でも有益な動画教材が増えてきていますので，導入の場面や復習用に活用することができます。

　デジタル教科書や自ら作成した問題をスクリーンショットして画像にすれば，Google Classroom，Microsoft Teams，ロイロノート，ミライシードなどを活用して，子どもの端末に配布可能です。これらのツールは，資料や課題を配布するだけでなく，子どもたちが自らの意見や考えを記入し，教師に提出する機能も持っています。

デジタル教科書を投影

📱)) 日常生活で算数を発見するとき 📶

　子どもの端末に付いているカメラ機能を利用して，日常の中に隠れた算数的な要素を発見し，印を付けたり長さを測定して記入したりすることができます。Google Map や Google Earth を活用して住んでいる町の面積や距離を測定することができます。

📱)) 黒板やノートとして活用するとき 📶

　教師が黒板の代わりに利用したり，子どもたちがノートの代わりとして活用したりすることができます。この本では第4章以降に FigJam と Canva のテンプレートを用意していますので，まずは教師が黒板として活用し，慣れてきたら子どもたちがノートの代わりとして利用してみましょう。

📱)) めあてや振り返りに活用するとき 📶

　めあてや振り返りは上記と一緒にノートに記載してももちろん良いのですが，全員のめあてを共有して見えるようにしておきたい場合には Padlet などのツールが活用できます。また，振り返りに，Google フォームや Google Classroom などのコメントの機能を活用することで，個別にフィードバックを行うことができます。

> ### Point!
> ➤ どんな場面で ICT を活用すれば良いのか具体的にイメージする
> ➤ まずは教師が資料の提示や黒板の代わりに使ってみる
> ➤ はじめて使うツールは子どもたちが練習する時間を取る

② 授業はどう変わっていくの？

　算数の授業に ICT を活用していくことで授業はどのように変化していくのでしょうか。Ruben.R.Puentedura（2010）は，学校現場における ICT 活用レベルを示した「SAMR モデル」を提唱しました。

))) SAMR モデル

　SAMR モデルは「Substitution（代替）」「Augmentation（増強）」「Modification（変容）」「Redefinition（再定義）」の頭文字を集めた用語で，ICT の活用による教育の変化を 4 つのフェーズで示しています。

　Substitution（代替）はアナログでできていたことをデジタルで代用するフェーズです。例えば，紙の教科書をデジタル教科書に置き換えたり，紙で配布していたプリントを PDF で配布して回収したりすることです。ここではまだ紙でもできる活用に留まっています。

　Augmentation（増強）はデジタルの特性を活かして効果を増大させるフェーズです。例えば，デジタル教科書のアニメーションのコンテンツを利用したり，配布した PDF に画像を挿入したりすることです。単なる代替に留まらず，デジタルの利用によって効果が増大しています。

　Modification（変容）は授業デザインや学び方がこれまでと変化するフェーズであり，さらに進んだ Redefinition（再定義）は教育の原点に立ち戻り，教育を改めて定義するフェーズになります。この Modification（変容）と Redefinition（再定義）のフェーズを DX（デジタルトランスフォーメーション）と呼びます。

　DX が起こるためには，Augmentation（増強）を当たり前に実践していくことが必要不可欠となります。まずは Substitution（代替）から始めて，徐々に Augmentation（増強）のフェーズへと進めていきましょう。

個別最適な学びと協働的な学びの促進

　ICT を活用して，個別最適な学びと協働的な学びの一体的な充実を目指すことができます。というよりは，**個別最適な学びと協働的な学びの一体的な充実のためには，ICT の活用は必要不可欠なものです。**

　子ども自身が学習内容や学習方法を最適に調整できるように教師がサポートし，いつでも協働的な学びを行える環境を作っていくことが重要になります。しかしながら，復習問題や発展問題を事前に必要数印刷して準備しておき，一人ひとりの個別の進捗状況を把握して適切なサポートを行いながら，

採点と評価を行うことは膨大な時間を必要とします。ICT を活用することで，その時間を大幅に減らすことができるだけでなく，子どもの待ちの時間を減らして考える時間を増やします。失敗することを恐れず，子どもと一緒に使い方を学んでいきましょう。

自由進度学習を進めるクラスの様子

Point!

➤Substitution（代替）から一歩ずつ進めていくことが大切

➤個別最適な学びと協働的な学びに ICT は必要不可欠なもの

➤子どもと一緒にツールの使い方を学んでいこう

教師の仕事も変化していきます。従来の「一方的に教える」スタイルから，子どもたちの学びを個別にサポートし，それぞれのニーズに合わせた指導へと移行しています。また，ICT 導入時にはスキルアップのための時間は必要ですが，ICT を活用できるようになると，教師の授業準備の時間や労力を大きく軽減し，本来の教育活動に集中することができるようになります。

個別最適な学びへと授業スタイルが変化

　従来の授業の進め方は，教師が黒板に問題を書き，子どもたちはそれを見ながらノートに写し，自分の考えや式を記述するというスタイルでした。この授業スタイルでは，全員に同じペースや方法で知識や技能を与えることが主となっていました。しかしながら，子どもたちの間で理解のスピードには大きな違いがあり，特に算数のような積み上げ型の教科では，以前学習した内容を十分に理解していないと新しい問題を解くのが難しいことがあります。

　ICT の活用によって，子ども一人ひとりのニーズに合わせた個別最適な授業を実現することができるようになります。動画教材で一時停止しながら自分のペースで学習を進めることや，発展的な課題を選択してどんどん解いていくことなど，自らのペースで学習を進めることができます。その一方で，理解に時間のかかる子は，適切な教材を教師と一緒に選び，わからない点を個別に確認しながら指導を受けることができます。理解できている子も理解できていない子も黒板の前で同じように問題を解説していた授業ではなくなり，子ども一人ひとりが自分で学びを選択して学習し，教師はその学習を必要に応じてサポートして，適切にフィードバックする役割へと変化します。

業務の効率化

　ICT の導入によって，算数の授業準備や採点と評価の多くの業務が効率化されました。かつては教材を作成した後，印刷して配布しなければなりませんでしたが，今ではデジタル化された教材をオンライン上で共有できるようになり，授業準備の時間が軽減されています。教材の管理が簡単になるとともに，子どもたちが解答した問題を自動で採点したり，その点数をスプレッドシートにインポートしたりすることができます。ICT の活用によって，**子どもたちの進度や理解度をリアルタイムで確認し，それに基づいた授業の進行やフォローアップが可能となりました。**授業準備にかけていた多くの時間を効率良く使うことができるようになります。

教師本来の仕事へのシフト

　教師の仕事は学級経営や授業の他にも，会議資料の作成や行事の準備など多岐にわたります。ICT を活用することができるようになると，授業準備や採点業務の他にも事務的な作業の負担を大幅に減らすことができます。業務が効率化されて，授業や学級経営にかけられる時間や自らの研修の時間を確保することができるようになり，AI には代替できない教師本来の仕事へとシフトしていくことでしょう。ICT を上手に活用して，子どもたち一人ひとりに寄り添い，学びをサポートできる教師を目指していきましょう。

Point!

➤ 子ども一人ひとりが自分で学びを選択して学習する授業スタイルに
➤ 授業準備の時間が大幅に短縮され教師の業務効率化が進む
➤ 子どもの学びをサポートすることに時間を費やすことができる

これからの時代で生き抜くために必要な教育とは？

昭和の授業イメージ

令和の授業イメージ

　時代の流れとともに社会のニーズは変わり，それに伴って教育のあり方も変化していかなければならないことは明らかです。一斉授業は同じスキルを持った人材を育成するのに最適でした。上司の命令に対してマニュアルに沿って効率良く仕事を行うことのできる人材を育成できるでしょう。しかし現代では残念ながらそのような人材は多く求められていません。自分の意思で判断・行動し自ら新しいものを生み出すような人材が求められています。

　私たちは知識を与えるのではなく，知識の獲得の仕方や獲得した知識の活用の仕方を教えなければいけません。ICT を活用して左のイメージのような授業をしたいとは考えないと思います。**どんな人間を育成したいのか，そのためにどんな授業を行いたいのか，そしてそのために ICT をどのように活用していくと良いのかについて考えていきましょう。**これからの時代で生き抜くために，どんな人間を育成したいのかということから考えていくと ICTの必要性について理解でき，活用方法についても見えてきます。

第2章

学習場面別
ICT 活用

資料や課題を提示する

ICT 活用のはじめの一歩は「代替」です。アナログで行なっていることを，デジタルでもできないかと考えてみてください。「代替」を積み重ねていくことで，デジタルを活用しないと達成できない学びへと近づいていきます。

1 デジタル教科書

教科書に書いてあることをそのまま黒板に書き写したり，教科書に載っているイラストを印刷して黒板に貼ったりしていませんか？

もちろん教科書に書いてある重要な事項を黒板に書いてまとめ直すことで子どもの理解を助けることができますし，イラストを紙で印刷することで自由に並べ替えて教室に掲示することができますので，その方法が全て良くないというわけではありません。しかし，デジタル教科書を活用すれば，作業の時間を減らして学びの時間を確保することができ，クラスで考えた考察を記録して振り返ることができます。

デジタル教科書を使えば，教科書の内容を黒板に書き写す無駄な作業の時間はなくなるでしょう。教科書の本文や図版を拡大して表示させることができ，一部を切り取って書き込みながら説明することができます。前のページに戻って図を表示させることも容易ですし，練習問題の答えも用意されています。まずはデジタル教科書を教師が投影することから始めてみましょう。手持ちの端末を設置されているテレビや電子黒板などと繋ぐだけで簡単に写すことができます。何のために黒板に書くのか，それが子どもの学びになっているのかを改めて考え，そのときに最適な選択ができるようにしていきましょう。

ここでのデジタル教科書は教師が活用する場合について説明していますが，子どもたちがデジタル教科書を活用することで，ワークシートやデジタルコンテンツを利用できたり，書き込んで他のページに移動することができたり大きなメリットがあります。1人1台端末が揃い，教師だけでなく子どもたちもデジタル教科書を利用するようになっていきますので，教師がその活用の仕方をしっかりと確認しておき，より効果的に学習を進めることができるようにしておきましょう。

デジタル教科書を電子黒板と接続

Point!
- ➤無駄な作業の時間を減らして学びの時間を確保する
- ➤黒板に書く必要がある内容なのかもう一度よく考える
- ➤デジタル教科書を教師が投影することから始めてみよう

2 デジタルコンテンツ

デジタル教科書にはデジタルコンテンツが用意されていて，教師が見せるだけのものもありますが，一部のものは子どもたちに共有して実際に画面上で動かして確認することができます。

デジタルコンテンツの活用

　算数の授業において，コンパスや分度器の使い方，線分の長さの計測など，具体的な操作が求められる場面は多いです。このような操作を子どもたちに教える際，アニメーションを用いたデジタルコンテンツが非常に役立ちます。例えば，円をかく手順や角度を測る方法をアニメーションで示すことで，正しい方法を自分のペースで何度も確認しながら学ぶことができます。

　また，算数の問題には，具体的な場面や物の形を想像することが求められることが多いです。このような場面で，デジタルコンテンツを活用することで，**静止画では伝えきれない動きや立体的な形状を視覚的に示すことができ，子どもたちの理解を助けます。**たとえば，立体図形の面の数や頂点の数を学ぶ際，動的なシミュレーションを用いて立体を回転させることで，形状の全体像を掴みやすくなります。

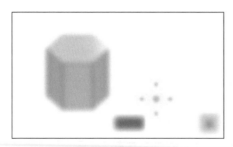

5年「角柱と円柱」正六角柱

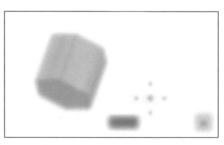

少し回転させた正六角柱

))) デジタルコンテンツの利用方法

　教科書に記載された QR コードをタブレットで読み取ったり，教師が Google Classroom などを利用してリンクを共有したりすることでデジタルコンテンツを子どもたちが利用できます。

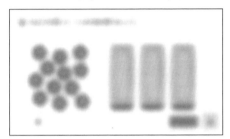

3年「わり算」1人分の数

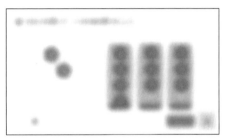

おはじきを動かした場面

　デジタルコンテンツを活用することで，自分のペースで手を動かしながら算数の活動を行うことができます。正六角柱の問題のように見えない部分をイメージするのを助けたり，わり算の問題のように実際に操作しながら問題の意味について考えたりすることができます。実物を使って体験する機会も大切ですが，人数分用意できなかったり，準備に多くの時間がかかってしまったりすることがあります。デジタルコンテンツであれば，子どもたちのタブレットで読み取るだけで利用でき，学ぶ時間をしっかりと確保できます。教科書に用意されていればぜひ積極的に活用しましょう。

Point!

➤作図などの操作をアニメーションで示して理解を深める
➤図形の動きや立体の構造を視覚的に把握できる
➤準備することなく効率よく効果的に学習を進められる

3 動画教材

　様々な教科で動画教材が活用されていますが，算数においてもたくさんの有益なコンテンツが用意されています。YouTube や NHK for School の動画教材をどのように活用しているのかについて紹介します。

動画教材の魅力

　教師が教室で教える授業は，子どもたちの様子を見ながら学びが深まるように展開することができます。動画教材はそのような子どもの様子を見て最適化することはできませんが，**子どもたちが学びたい内容の動画を選択し，一時停止しながら自らのペースで学習を進めることができます**。特に算数においては，一つ一つのステップが大切ですので，わからないところを何度も繰り返し学ぶことで，深い理解を得ることができます。

　子ども一人ひとりには，それぞれの理解スピードや学習方法があります。従来の授業では，全員が同じペースで進められることが一般的でしたが，動画教材を導入することで，この問題が大きく改善されます。例えば，**わからない問題や新しい概念については，何度でも繰り返し動画を視聴することでじっくりと理解を深めることが可能です。**一方，既に理解している内容については，動画をスキップして次のセクションに進むこともできます。

YouTube 動画で次回の予習を行う様子

具体的な活用法

　YouTube や NHK for School などの動画プラットフォームには，足し算から面積の計算，立体図形の概念など，小学生が学ぶ算数の内容を網羅した動画が豊富に揃っています。これにより，子どもたちは必要な教材を柔軟に選択することができ，授業の復習に見返すことや，予習用教材として役立てることができます。

　子どもたちが一から動画を検索することは学びではない時間がかかってしまいますし，学びのためではない動画に注意が向いてしまうこともあります。**事前に視聴しても良い動画を決めておき，Google Classroom などを利用して投稿しておくと良いでしょう。**単元ごとにまとめておくことで，練習問題

が早く終わった子が見たり，テスト前に復習用として視聴したりできます。次のページで紹介するEdpuzzle を活用すれば，より効果的に子どもたちが動画を視聴できるようになります。

YouTube「とある男が授業をしてみた」

Point!
- ➤動画教材で自分のペースで学習を進めることができる
- ➤何度も繰り返し視聴でき公式の利用や計算方法を確認できる
- ➤学習に効果的な動画をピックアップしておこう

4 Edpuzzle

　YouTube を算数の授業で活用して個別最適な学びを実現させたいと考えるならぜひ一緒に活用してほしいアプリケーションがあります。視聴動画の右側に表示される関連動画を表示させず，必要な部分だけを切り取って問題を挿入できる「Edpuzzle」というサービスです。

))YouTube 動画からの教材作成

　Edpuzzle は，教師が動画教材をカスタマイズして子どもたちの学習をサポートするためのプラットフォームです。このツールの最大の特徴は，**YouTube などの動画プラットフォームから動画を取り込んで，その動画に問題を追加したり，特定の部分を切り取ったりすることができる点です。**例えば，算数の授業で「三角形の面積の求め方」に関する動画を使用したい場合，YouTube で検索してその動画の中から必要な部分だけを切り取って利用することができます。また，動画内の任意の位置にクイズや短答式の質問を挿入することで，子どもが動画を視聴する際にリアルタイムで理解度を確認することが可能になります。この機能により，単に動画を受け身で視聴するだけでなく，積極的に内容を吸収しようとする姿勢が促されます。

))個々の学習進度の把握

　Edpuzzle のもう一つの大きな特徴は，子どもたちの学習進度を詳細に把握できる機能にあります。**教師はダッシュボード上で，それぞれの子どもたちが動画をどの程度視聴したか，挿入された問題に対する回答や正答率を確認できます。**正答率は世界共通の信号機の色で表示されており，次に進める子，注意が必要な子，その場にとどまって丁寧な指導が必要な子などが一目

でわかるようになって
います。算数の授業で
特定のトピックや概念
に対する理解度を正確
に知ることができるた
め、その後の授業の進
行やフォローアップの
指導に役立てることが

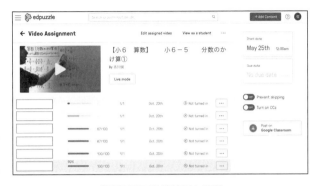

管理画面で進捗状況を確認

できます。例えば、
「分数のかけ算」に関する動画を視聴後、多くの子どもたちが特定の問題で
誤答していることがわかった場合、その部分の補足説明を行い、指導の質を
向上させることができます。

予習や復習用の教材としての活用

　Edpuzzle を活用することで、子どもたちは授業外でも自らのペースで学
習を進めることができます。従来の教科書やワークシートだけでなく、動画
教材を通じて視覚的・聴覚的に情報を取り入れることができるため、より深
い理解を促進することが期待できます。予習として活用する場合、新しいト
ピックや概念に前もって触れることができるため、授業時に内容がより頭に
入りやすくなります。復習として活用する場合、授業で学んだ内容を再度確
認し、問題に取り組むことができます。予習や復習で Edpuzzle を活用した
場合にも視聴時間や正答率を教師が確認することができます。

Point!

➤ Edpuzzle で動画をカスタマイズし必要な部分だけを効果的に活用
➤ 学習進度や理解度をリアルタイムで把握しサポートできる
➤ 予習復習の教材として Edpuzzle を活用することで学習状況を把握

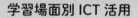
2 日常生活で算数を発見する

　私たちの日常生活は，意識せずとも算数と密接に関連しています。日常の中には算数の概念が無数に隠れており，それを見つけ出すことで，子どもたちの算数への興味や理解を深めることができます。この章では，日常生活で算数を発見し，それを教育の一部としてどのように取り入れるかを紹介します。

1 カメラ機能

　カメラ機能を使用することは，現実の状況や物体を直接視覚化し，それを基に学習を進めるための非常に有効な手法です。カメラ機能を活用することで，**撮影した写真に後から加工や書き込みをすることができます**。写真上で注釈を追加したり，特定の部分を強調したりと，情報の再構築や深化が可能となります。また，写真は物事の「そのときの状態」を記録するため，後で振り返ることで，変化や違いをはっきりと確認できます。

6年「対象な図形」：対象な図形を作成して対象の軸を書き込んで提出

算数の学習でのカメラ機能の活用

　カメラ機能で身の回りの物体を撮影して，日常の風景から基本的な図形を見つけ出すことや，買い物時の割引や消費税の計算といった日常的な数学的問題を写真として捉えることで，**その背後にある算数の概念を学ぶことができます**。植物の成長や季節の変化をカメラで定期的に撮影することで，変化の様子や速度を視覚的に捉え，それを基にグラフや表を作成する活動につなげることも可能です。

　学校内で「かけ算探し」のような活動を行う際にもカメラ機能は役立ちます。例えば校舎の窓の数や教室の椅子の数を撮影し，その情報を基にかけ算の問題を考え，それを共有することができます。このような活動は，数の概念やかけ算の理解を深めるとともに，現実の環境で算数の知識を活用する楽しさや実用性を実感させることができます。

カメラ機能の学習効果

　カメラ機能の活用は算数の概念や計算が現実とどのようにリンクしているのかを直感的に感じさせることができます。これにより，算数が実生活と深く結びついた学習として捉えられ，学習意欲の向上や理解が深まることが期待されます。また，カメラ機能を使って日常から算数を発見するプロセスは，探求心を刺激し，主体的な学習の促進や深い理解へと導きます。

Point!

➤カメラ機能の活用で子どもたちが日常の数学を再発見できる
➤撮った写真を編集して変化の様子や情報の書き込みができる
➤日常生活や社会の事象を数理的に捉え数学的に処理できる

2 Google Map と Google Earth

Google Map と Google Earth は Google が提供する地図サービスです。Google Map は日常的な場所や経路の確認に利用される一方，Google Earth は地形や建物を立体的に見ることができます。これらを算数の授業に取り入れることで，抽象的な数学的概念を具体的な形で体験させることができます。

距離の測定

距離計測ツールを使用して，生徒たちに学校から近くの公園までの距離を実際の地図を用いて測定させることができます。また，3年生にとっては，1kmという距離がどれくらいのものなのか，その感覚を身につけることが重要です。これを実際の地図上で確認することにより，距離の概念を具体的に理解できます。

Google Map で距離を測定

面積の計算

Google Earth で距離と面積を測定

学校の校庭や近くの公園の面積などを計測する活動を行えます。4年生が学ぶ面積の単元では，実際の場所の面積を計算させることで，数値が持つ実際の意味や大きさを理解させることができます。

速さの計算

Google Map で 2 つの地点を指定するとその時間を計算することができます。歩いたり車で行ったりしたらどのくらいの時間がかかるのかについて考えることができ，5 年生の速さの単元につなげることができます。

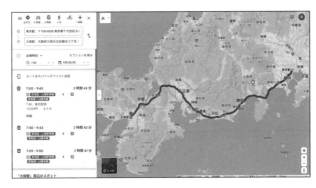

Google Map で時間を測定

拡大図と縮図

Google Map や Google Earth を使うことで，特定の場所の拡大や縮小表示が簡単にでき，6 年生の拡大図や縮図の単元では，実際の地図を用いてその大きさや概念を学習することができます。実際に 1 km を 1 cm の縮尺，つまり 1/100000 の縮図を作成する課題や，与えられた縮図から縮尺を逆算する問題などを取り入れることで，**日常生活や社会の事象を数理的に捉え，数学的に処理して問題を解決することができます。**

Point!

➤ Google Map や Google Earth を用いて距離や面積が測定できる

➤ Google Map でかかる時間から距離を計算できる

➤ 実際の地図を活用して拡大図と縮図の学習ができる

ノートとして活用する

これまで紙のノートやプリントを使用していた学習がデジタル化され，多くのメリットが生まれています。Google Classroom やロイロノートを使えば，PDF や画像を簡単に配布し，子どもたちはそれに書き込んで提出することが可能です。これにより課題の管理が効率化し，教師の負担が軽減します。同時に，子どもたちは自分の学習方法を選択する自由が広がります。

1 PDF や画像に書き込む

効率的な資料の配布と管理

教師が教科書やプリントのスクリーンショットを取ることで，それをすぐに子どもたちに配布することができます。これにより，印刷や手渡しに関わる時間や労力をなくすことができ，プリント忘れや紛失を気に

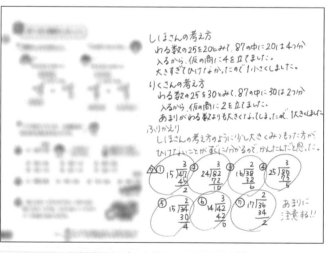

教科書のコピーを配布し書き込んだ様子

する必要がなくなります。

　これまでタブレットをあまり使っていなかった子どもたちでも，すぐに画面を操作して自分の考え方や計算を書き込むことができました。最初は慣れていないこともあり，ノートと同等に上手には書けませんが，やり直しが何回でも簡単にでき，たくさんの色を利用できるので，徐々にノートと同等かそれ以上に上手にまとめることができていました。

　また，Google Classroom などを活用することで，ノートを回収する手間がなくなり，ノートや課題の管理が格段に楽になりました。**教師は回収せずにいつでも子どものノートの内容を確認でき，必要に応じてフィードバックを送ったり，サポートを行ったりすることができます。**授業や成績の評価を行い，教師自身の振り返りに活かすこともできます。

デジタルとアナログの調和

　デジタルツールは多くの場面で非常に有効な手段ですが，全ての教育活動に適しているわけではありません。実際の図形の切り取りや，コンパス，定規を使用した作業など，手作業の感覚が求められる場面もあります。また，生徒によっては，デジタルツールよりも紙を使用した方が集中できると感じることもあります。デジタルとアナログ，それぞれの方法にはメリットとデメリットが存在し，**子どもたち自身がその状況に最も適した方法を選択して，効果的な学習を実現することができるよう，教師がサポートしながら環境を整えていくと良いでしょう。**

Point!

➢問題をデジタル化してプリントやノートのように利用する
➢効率的に資料を配布できノートや課題の管理が効率化される
➢デジタルとアナログの組合せで最適な学習環境の構築

2 FigJam を活用する

　教科書やプリントをスクリーンショットでそのまま配布する方法も考えられますが，デザインプラットフォーム Figma が提供するオンラインのホワイトボードツール FigJam を利用すれば，学習の可能性がさらに広がります。

))) Figmaに登録する

エデュケーションプランの申請画面

　メールアドレスの登録ですぐに利用を始めることができます。Google アカウントを持っていれば SSO（シングルサインオン）も利用可能です。大手企業でも利用されているツールで教育機関には無償で提供されています（p.140参照）。

))) 基本機能① 「ペン」

　算数では式や図をかきながら自分の考え方を説明することが多いので，手書きの機能は必須になります。FigJamにはペンの機能があり，太さや色を自由に選択することができます。その他に蛍光ペンや和紙テープを利用することができます。

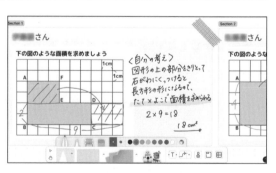

ペンを使って自分の考えを書き込む

基本機能② 「図形」

三角形や四角形，平行四辺形など様々な図形を挿入することができます。図形はコピーしたり，半透明にしたりすることが簡単にできるので，重ね合わせたり移動させたりして考えを深めることができます。また，テキストを入力

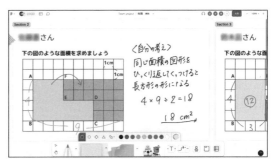

図形を挿入して説明する

して，フローチャートを作成することもできますので，学習の流れを記入しておいたり，考え方の手順を作成したりする活動にも活用できます。

基本機能③ 「付箋」

付箋を使ってアイデアや意見を共有することができます。付箋も色を選択することができ，算数の授業において，同じところや違うところを発見する際に，付箋で色分けして貼ることができたり，ちょっとしたメモや振り返りに利用

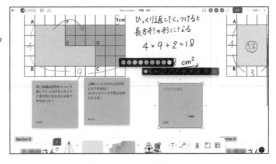

付箋で意見を共有する

したりすることができます。付箋は「均等配置」で整理することができ，気づいたことを書き出して見やすく並べることができます。また，付箋には名前を表示させることができ，誰が意見を出したのかを把握することができます。

授業で活用できる便利機能① 「タイマー」

タイマーを設定して，子どもたちの活動に時間制限を設けることができ，メリハリのある学習を行うことができます。タイマーと同時に音楽を流すこともできます。

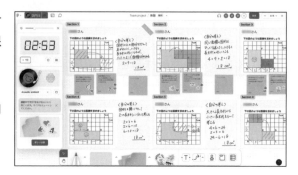

タイマーを表示させる

授業で活用できる便利機能② 「セクションの非表示」

範囲を指定してセクションを設定することができます。セクションには，ペンで描いた文字や図形，付箋などのオブジェクトをグルーピングできます。セクションも色を変更することができ，セクションで囲んだ

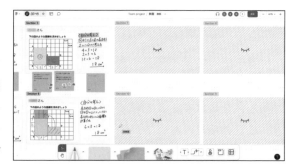

次回の学習内容のセクションを非表示

要素は，移動すると一緒にくっついて移動します。

セクションを選択すると黒い編集バーが表示されるので，一番右側の目のアイコンをクリックすると，表示・非表示を切り替えることができます。非表示にすると，セクション内の要素は全て見えなくなるので，ヒントや解答を隠しておきたい場合や学習内容を少しずつ表示させたいときなどに役立ちます。

📡 授業で活用できる便利機能③ 「スポットライト」

大きなホワイトボードでそれぞれが作業をしていると, ある特定の部分を見てほしいと思ったときに集まるのが大変です。FigJam にはその問題を解決するため, スポットライトという機能があります。

FigJam の上部ツールバーにある自分のアイコンにカーソルを合わせて, [自分にスポット

教師と同じ画面になる様子

ライトを当てる] を選択すると, ファイルを閲覧している全てのユーザーに, フォローするようリクエストする通知が届き, 数秒後に教師が見ている画面と同じ表示をさせることができます。

その他にも, スタンプやステッカー, 表形式のテーブルなどを利用することができます。誤って移動させたり消してしまったりすることがないように図形や付箋をロックする機能, カメラを起動して写真の撮影やサイコロを振ることができるウィジェット, スタンプを押して投票できる機能などがありますので, ぜひ子どもたちと一緒に楽しい機能を探してみてください。

Point!
- ➢FigJam を活用することで学びの可能性が広がる
- ➢便利な機能がたくさんあるが最初に全てマスターする必要はない
- ➢まずは子どもたちと一緒に楽しみながら遊んでみよう

FigJam は2024年の Google Jamboard 提供終了に伴って日本の教育現場で活用が広まったサービスですが，小学校で手書きができるサービスとして以前から広く利用されていた Canva というグラフィックデザインツールを紹介します。まずはどちらかのサービスを利用して授業を実践していくと良いと思いますが，どちらもそれぞれの良さがあります。最終的には一つのサービスにこだわらず，子どもたちが選択できる環境を作っていきましょう。

Canva に登録する

Canva もメールアドレスの登録ですぐに利用を始めることができます。Google アカウントや Microsoft アカウントで SSO が利用可能で，こちらも教育機関には無償で提供されています。

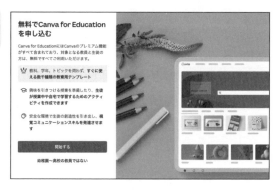

Canva for Education の申し込み画面

基本機能① 「描画」

FigJam と同様多彩な色を選択することができます。Canva ではさらに太さを細かく設定でき，色の透明度の設定も行うことができます。

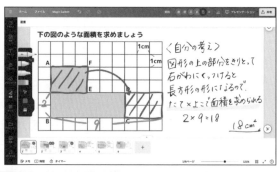

ペンを使って自分の考えを書き込む

基本機能②「図形」

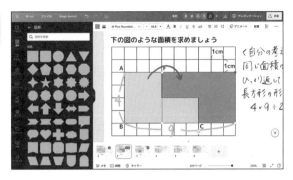

図形を挿入して説明する

　Canvaでも三角形や四角形，平行四辺形など様々な図形を素材から挿入することができます。コピーが簡単にでき，透明度を設定できるので，図形の問題に活用することができます。FigJamのようにフローチャートを作成したいときには，右クリックから「クイックフローを有効にする」を選択します。Canvaでは図形を1°ずつ回転させることができ，回転させた角度が表示されます。点対象な図形を180°回転させてぴったり一致するか確かめる活動や任意の三角形を3つコピーして3つの角を直線に集める活動などに活用することができます。

基本機能③「付箋」

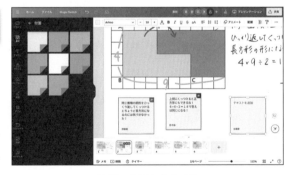

付箋で意見を共有する

　付箋も素材から挿入することができ，多彩な色から選択することができます。気づいたことや解き方の方針など様々なことに活用することができるでしょう。Canvaでも図形や付箋を「均等配置」で簡単に整理することができ，付箋を作成した人の名前が表示されます。付箋は複数選択してドキュメントやスプレッドシートに貼り付けることができ，ホワイトボードのアイデア出しセッションをより効果的に展開できます。

授業で活用できる便利機能① 「タイマー」

Canvaでもタイマーを
設定することができ，同時
に音楽を流すことができま
す。子どもによって学習す
るスピードは違いますが，
授業時間は有限ですので，
うまく時間設定を行い，効
果的でメリハリのある学習
を行えるようにしましょう。

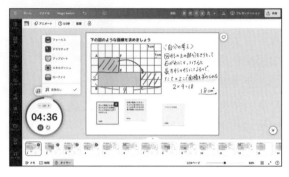

タイマーを表示させる

授業で活用できる便利機能② 「グリッドビュー」「ホワイトボードに展開」

Canvaでは，スライド
のように複数のページを作
成できます。授業の流れを
スライドに準備しておくこ
とやそれぞれのページにお
いて一人ずつ解き方や考え
方を書き込むこともできま
す。一人ひとりの作業スペ
ースがしっかりと区切られ

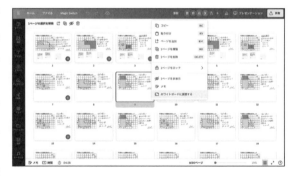

ホワイトボードに展開する

ていた方が，子どもたちも操作しやすいというメリットがあります。右下の
「グリッドビュー」の表示で子どもが今何を書き込んでいるのかを把握する
ことができます。右クリックから「ホワイトボードに展開する」を選択する
と，いつでも広い空間になり考えを膨らませることができます。

授業で活用できる便利機能③ 「豊富なフリー素材」

　素材の中には，１億点以上のフリー素材があり，画像だけではなく，動画，スタンプ，イラスト，オーディオなどが豊富に揃っています。デザイン画面からキーワードを入力して検索できるので，簡単に素材を追加できます。問題文のイメ

スタンプなどを挿入できる

ージに合う画像を検索したり，友達の意見にスタンプを押したりすることができます。表の挿入や撮った写真のアップロードも可能です。

　FigJam と同様，ホワイトボードでユーザーをフォローして，その人の見ている画面を表示する機能や，誤って移動させたり消してしまったりすることがないように図形や付箋をロックする機能があります。Canva は作成したスライドを画像や動画でダウンロードすることができますので，単元のまとめや振り返りを動画にまとめることも可能です。パフォーマンス課題の作成や解き方の解説動画の提出にも活用することができます。まずはぜひ子どもたちと一緒に触ってみてください。

Point!

➢ Canva を活用することで学びの可能性が広がる
➢ 便利な機能がたくさんあるが最初に全てマスターする必要はない
➢ まずは子どもたちと一緒に楽しみながら遊んでみよう

④ 適用問題と発展問題

　授業の後半では，問題で見いだした見方・考え方を使って解決することができる適用問題や早く終わった子どもに発展問題を出題していますが，ここでも ICT を活用できます。

　FigJam や Canva に問題を出題して個別のノートに解かせても良いですし，問題の画像をそのまま送信しても良いでしょう。丸付けは子どもたち同士で行い，お互いに教え合う活動も良いのですが，どのくらい理解しているのかを確認したいときもあります。私は画像で配布したり，あえてプリントを印刷して配布したりすることもありますが，自動採点の機能が付いている Google フォームを活用することが多いです。また，単元にもよりますが，Kahoot! を活用すると楽しく問題演習を行うことができます。

① Kahoot!

　Kahoot! は教育用クイズアプリです。クイズを作成してリンクを Google Classroom などで子どもたちに共有します。子どもたちは**リンクからニックネームを入れるだけですぐにクイズに参加すること**ができます。

Kahoot! で作成した問題

子どもたちは手元の端末で解答していきポイントを競い合います。**早く答えることで点数がアップするゲーミフィケーション的な要素もあり，楽しく問題を解いていくことができます。**全員参加型のクイズ大会を開く他に，［割り当てる］を選択してリンクを共有す

ポイントを競い合う子どもたち

ることで，自分のペースで学習することもできます。問題タイマーの有無や問題をランダムに表示することを設定でき，一問ずつ結果が表示されるので，適用問題を繰り返し解くのに最適です。

問題の作成は直感的に操作でき，右のような作成画面で問題と選択肢を入力して正しい回答を選ぶだけです。問題や選択肢は画像を挿入することもでき，制限時間やポイントも設定することができます。

問題の作成画面

Point!
- Kahoot! でクイズ大会を開催して楽しく問題に取り組む
- 最初は５問くらい作成して試してみよう
- 問題を子どもたちに考えてもらいみんなで解く活動にも

Google フォーム

Google フォームは，アンケートなどで一度は利用したことがあると思いますが，設定の画面から［テストにする］にチェックを入れることで，点数の設定や解答集の作成を行うことができます。

Kahoot! は 4 択の問題でしたが，Google フォームは，**選択問題以外にも記述式の問題を設定できる**ので，子どもたちに数字を入力して回答して

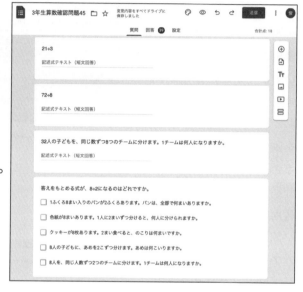

Google フォームで行う章末問題

もらうことができます。発展課題として単元の最初に共有しておくことで，子どもたちはいつでも課題に取り組むことができます。

Google フォームの設定

設定の画面では，**正解を表示させるかどうかや回答を 1 回に制限するかどうかなどを設定することができます**。「回答の編集を許可する」にチェックを入れておけば，間違えた問題だけを編集して満点になるまで繰り返し問題を解くことができます。「回答を 1 回にする」のチェックを外しておけば，子どもたちは何度でも時間があるときに最初から問題を解くことができるようになります。

Google フォームの設定画面

送信するとその場で点数が表示され，繰り返し何度でも解くことができるので，自分で間違いに気づき全問正解するまで自分のペースで挑戦し続けることができます。適用問題と発展問題を用意しておくことで，算数が得意な子どもは待たされることなく，どんどん学習を進めていきます。**自動採点にすることで，教師の時間を確保でき，解き方のわからない子どもにサポートをすることができます。**

回答後のスコア確認画面

Point!

➢ Google フォームで記述式の問題も自動採点ができる
➢ 細かな設定を全て覚える必要はなく子どもに共有後に修正しても良い
➢ 自動採点で教師の時間を確保し支援が必要な子どもをサポート

⑤ めあてと振り返り

授業の最初に「めあて」を書き，授業の最後に「振り返り」を書かせていますか。もし，全員が同じ「めあて」を立てる授業であれば，立てた「めあて」を FigJam や Canva に教師が記入すれば良いでしょう。個別最適な学びを意識してそれぞれが異なる「めあて」を立てるのであれば，**私たち教師はその「めあて」を把握して個に応じた適切な支援をしたいと考えるでしょ**う。限られた時間の中で，どの子どもに声をかけるのかを判断するには，FigJam や Canva とは別のツールを使って一覧になっていると確認しやすいです。「めあて」に対する「まとめ」や「振り返り」も同様で，何のために行う活動なのかを明確にし，その後どのように教師がアプローチするのかを考えると適切なツールを利用することができます。

① Padlet

Padlet は，ブラウザで利用できるオンライン掲示板です。Google アカウントや Microsoft アカウントで SSO が利用でき，メールアドレスの登録ですぐに利用を始めることができます。テキストを入力して投稿することが可能です。低学年でも**「カメラ」**の機能を使ってノートを写真に撮ったり，**「描画」**の機能を使ってタブレット上で書いたりしたものを投稿できます。

Padlet の画面

))) セクションで投稿をグループ化

　子どもたちが投稿するとリアルタイムで Padlet の掲示板に表示されていきます。投稿の表示は手動で移動させることができたり，公開順やタイトル順にしたり，ランダムに表示したりすることができます。身の回りから箱の形や円の形を探す活動でも Padlet を使えば簡単に共有とコメントを行うことができます。

　セクションで投稿をグループ化しておくことで，投稿を見つけやすくすることができます。 左のページのように，日付ごとで整理すればその日にどんな活動をしたのかを把握しやすくなりますし，下のように子どもの名前でセクションを分けておけば，前に書いた振り返りを基にして本時のめあてを記入することができるでしょう。

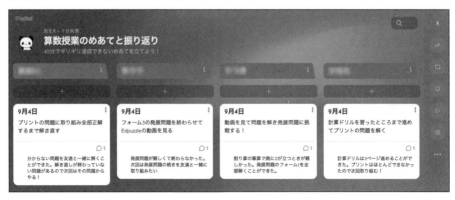

子どもの名前でセクションを作成したときのイメージ

Point!

➤ オンライン掲示板 Padlet でテキストや画像を共有できる

➤ セクションの利用で投稿を整理して見つけやすい表示に

➤ まずは簡単な質問で投稿の練習をしてみよう

スプレッドシート

Padletはとても手軽に投稿ができ，手書きや写真を投稿できるメリットがあります。一方で，自分のめあてや振り返りの記入する場所を探すのに時間がかかったり，クラス30人分を一覧で表示させるためには少し手間がかかったりしてしまいます。**めあては時間をかけずに設定し，スムーズに学習に移行できることが望ましいです。**ここでは席順にめあてと振り返りを入力できるスプレッドシートの活用例を紹介します。自分の記入する場所が明確で，教師も一覧で把握しながら授業中にサポートを行うことが容易です。

座席表でめあてを表示する

教師は誰がどのめあてを立てたのかを把握して，できるだけ早く最初の声かけをしたいと考えると思います。スプレッドシートであれば，座席表を作成したシートをコピーしてそのまま利用できます。私の場合は，名前，めあて，振り返りで1人につき3行のセルを事前に用意しておきました。めあて

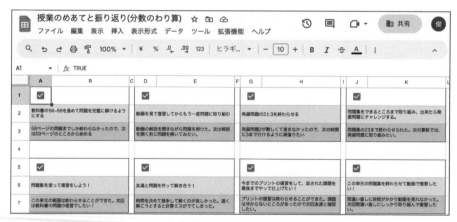

スプレッドシートでめあてと振り返りを記入

のセルと振り返りのセルは色分けしておきます。授業中の席の移動は自由にして良いことにしていますが，教師が声かけを行う際にはこのような表示になっていた方が効率良く行うことができました。また，子どもたち同士も誰が何をしているのか座席の一覧で表示されるので，同じ課題に取り組んでいる友達のところへ行き，一緒に活動する場面も見られました。**めあてを見える化したことで「協働的な学び」が起こりやすくなったのだと思います。**

))) セルの保護機能

はじめは Google Jamboard でめあてと振り返りを記入していましたが，人数が多いとどうしても誤って消してしまうことがあり，無駄な時間を費やしてしまうことがありました。スプレッドシートでは，特定の範囲だけを編集できるように設定できます。**自分の編集できる場所が決まっていて，他の場所は閲覧するだけにしたい場合に最適です。**

特定の範囲だけを編集できるよう設定

Point!

➤座席に対応した表を作成して効率良くフィードバック
➤友達の学びを見える化して協働的な学びを促進させる
➤セルの保護で特定の範囲だけ編集できるように設定できる

Google フォーム

　毎回のめあてと振り返りはクラス内で共有して見える化した方が良いのですが，単元の終わりや学期の終わりにはこれとは別に，授業の理解度を把握したり，進め方について悩みを抱えていないかなどを確認したりすると良いでしょう。Google フォームでアンケートを集計することのメリットは，クラス全体や学年全体でのデータの分析がしやすいことです。**子どもたちも振り返りを行うとともに，教師も自らの指導について振り返りを行い，授業の進め方について改善していきましょう。**

))何を分析したいのかを決める

　Google フォームでアンケートを実施する際にも，**しっかりと目的を再確認しましょう。**毎回のめあてはしっかり立てられたのか，いつでも友達と協働できる環境になっていたのか，プリントや動画教材は活用できたのか，具体的に実践した内容を評価することで，子どもたち自身も振り返りをしっかりと行うことができます。右のように数字を選んで評価を行うようにすることも，記述式で答えるようにすることも質問を作るときに設定することができます。

Google フォームでの振り返り

アンケートの結果により，**授業の理解度や満足度を確かめることができます**。「ぎりぎり達成できないめあてを立てることができた」の自己評価が低い場合には，めあてを立てるのに悩んでいる子どもが多いことが考えられるので，全体でめあての立て方のポイントを話したり，どんなめあてを立てると学習がしやすいのかをこれまでのめあてを振り返って話し合いをさせたりする活動を取り入れることができます。

クラス全体の評価を分析するとともに，一人ひとりの評価を確認することもできるので，自己評価が低かった子どもには，一緒にめあての立て方を考えたり，早く終わった友達に協働できるように働きかけたり，より適切な支援を行うことができるようになります。

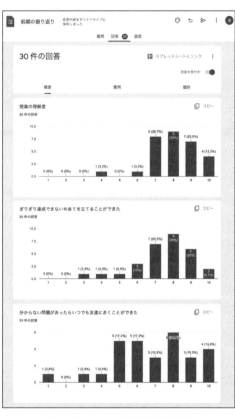

Google フォームでの振り返り

Point!

> 授業評価アンケートを実施して教師も自分の指導を振り返る
> 何を分析したいのかを決めて適切な質問文を作成する
> より良い支援ができるよう他の教師と協力して進めよう

Google フォームで謎解き

Google フォームでは授業アンケートやテストに設定して自動採点可能な練習問題を作成できますが，ゲームの要素を取り入れて謎解きを楽しみながら問題を解くこともできます。

設定が少し難しいですが，回答の検証で正しい答えを入力しないと送信できないようにすることができます。全部解けて送信することができたら，確認メッセージに次の問題のフォームのリンクを入力しておくことで，次のステージへ進むことができます。

右のフォームは6年生で実施した算数の復習問題です。楽しみながら算数の問題に取り組むことができました。

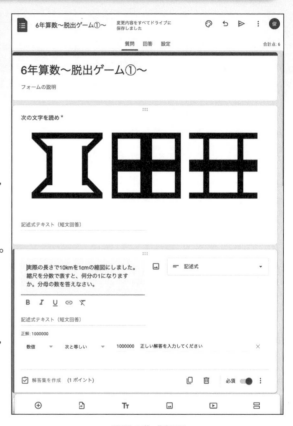

問題の作成画面

全部解けたら次の問題に進める

授業デザインを
アップデート

1 個別最適な学びと協働的な学びの一体的な充実

中央教育審議会の「令和の日本型学校教育」答申に,『授業の中で「個別最適な学び」の成果を「協働的な学び」に生かし,更にその成果を「個別最適な学び」に還元するなど,「個別最適な学び」と「協働的な学び」を一体的に充実し,主体的・対話的で深い学び」の実現に向けた授業改善につなげていくことが必要である。』という記述があります。この「個別最適な学び」を充実させるために,そして「協働的な学び」へと還元していくために,ICTをどのように活用していけば良いのかについて考えていきましょう。

1 個別最適な学び

「個別最適な学び」について正しく理解できているでしょうか。一斉授業の中で個別に考える時間を取ったから個別最適な授業をしていると勘違いされている方が残念ながらいます。**私は今こそ授業のあり方を根本から見直し,授業を再定義する必要があると感じています。**「個別最適な学び」を理解するために「指導の個別化」と「学習の個性化」について考える必要があります。中央教育審議会の「令和の日本型学校教育」答申には,次のように記述されています。

『教師が支援の必要な子供により重点的な指導を行うことなどで効果的な指導を実現することや,子供一人一人の特性や学習進度,学習到達度等に応じ,指導方法・教材や学習時間等の柔軟な提供・設定を行うことなどの「指導の個別化」が必要である。教師が子供一人一人に応じた学習活動や学習課題に取り組む機会を提供することで,子供自身が学習が最適となるよう調整する「学習の個性化」も必要である。』

📶 指導の個別化

　「指導の個別化」では，支援の必要な子どもに重点的に指導を行うことや，一人ひとりの特性や学習進度，学習到達度に応じた指導方法，教材の選択，および学習時間の設定を行うことが求められています。**しかしながら，ICTを活用せずにこれらを実現するのは多くの時間を費やすため困難を極めます。**Google Classroom などを活用することで，課題の未提出者や小テストの点数を一覧で確認することができます。その学習到達度に応じて，もう一度小テストの問題を解くことを提案したり，YouTube の解説動画を提供したりできます。ICT を活用することで，できている子どもを待たせることやできていない子どもを置いていくことなく，適切な指導方法で最適な学習時間を設定し，深い学びを実現することができます。

📶 学習の個性化

　「学習の個性化」では，教師が子ども一人ひとりに適応した学習活動や学習課題へ取り組む機会を提供し，子ども自身が学習を最適に調整することが求められています。**ここで重要なのは，学習を最適に調整するのは教師ではなく，子ども自身であるという点です。**教師は ICT を活用して多様な教材を提供し，子どもたちが自らの状態を把握し，自分に適した学習の進め方を見つけることが重要です。

Point!

➤子ども一人ひとりの特徴や学習到達度に合わせた指導
➤子ども自身が学習内容や学習方法を最適に調整できるようサポート
➤多様な教材提供と学習進度の管理に ICT は必要不可欠

「協働的な学び」と聞くと，ペアで話し合わせたり，グループで解法を考えたりといった活動を想像するのではないでしょうか。もちろんそれらも「協働的な学び」を行うための一つの学習形態ですが，果たして子ども同士が話し合いをしていれば「協働的な学び」をしていると捉えて良いのでしょうか。私たちはこの言葉の背後にある真の意味や重要性を理解し，深く取り組む必要があります。

「個別最適な学び」と「協働的な学び」の相互関係

中央教育審議会の「令和の日本型学校教育」答申に『授業の中で「個別最適な学び」の成果を「協働的な学び」に生かし，更にその成果を「個別最適な学び」に還元するなど，「個別最適な学び」と「協働的な学び」を一体的に充実し，主体的・対話的で深い学び」の実現に向けた授業改善につなげていくことが必要である。』という記述がある通り，協働的な学びは単なるペアやグループでの学習活動だけを指すのではありません。「個別最適な学び」を達成するためには「協働的な学び」が必要であり，「協働的な学び」を達成するためには「個別最適な学び」が必要なのです。**これらの「個別最適な学び」と「協働的な学び」は相互に作用し合っているため，一体的に充実させていくことが重要です。**

一人でもう少し問題解決をしたいと考えている子どもに対して，時間で区切って一斉にペア学習させたりグループ学習させたりするのは「個別最適な学び」ではないですし，「協働的な学び」の効果も薄れてしまうでしょう。問題が解けずに困ってしまったときに，話し合える環境がなかったときも同様に，「協働的な学び」は成立せず，「個別最適な学び」の効果は薄れてしまうでしょう。

📶 「協働的な学び」が実現できる環境作り

　一人では解決できない問題や解法を確認したい問題に出合ったときに，いつでもまわりの友達と教え合ったり，解き方を共有し合ったりできる環境を作ることが「個別最適な学び」と「協働的な学び」を一体的に充実させていくことになります。友達に教えることやアイデアを交換することで理解が深まったり新しい学びを発見できたりします。学習進度はそれぞれ異なり，一人で考えたいと思う子どももいますので，話し合うことを強制はしません。**教師は子どもが問題解決のために話し合いたいと考えたときに，「協働的な学び」を行うことができる環境を構築することが大切です。**まわりの友達と意見を共有し合うことで，自分では気づけなかった解き方や考え方に気づくことができます。この「協働的な学び」を繰り返していくことで，少しずつ問題解決の視点が多面的になり，「個別最適な学び」も充実します。

📶 「協働的な学び」を充実させる ICT 活用

　「協働的な学び」を行うために，模造紙や大きなホワイトボードの準備が必要だったり，机や席の移動を行わなければいけなかったりしましたが，ICT を活用することによって，子どもたちはいつでも簡単に「協働的な学び」を行うことができます。共有権限の設定を行うだけで簡単に同じホワイトボードに書き込みができ，意見や考え方を共有することができます。

Point!

➤「協働的な学び」によって「個別最適な学び」を充実させる

➤いつでも「協働的な学び」を行える環境作りが大切

➤ICT を活用することでより一層「協働的な学び」を充実させる

3 「個別最適な学び」と自由進度学習

　「個別最適な学び」を実践しようと考えると，自ずと自由進度学習という選択が取られることが多くなるでしょう。自由進度学習とは，その名の通り，授業の進度を，学習者が自分で自由に決められる学習形態の一つです。

　これまでの一斉授業の学習形態は１時間で学習する内容が決まっているので，理解の早い子もゆっくりな子も同じペースで学習します。**一斉授業は同じ内容を多くの人に伝えるのに効率的な方法ですが，理解の早い子にとっては，他の人が解き終わるのまでいつも待たされ，理解のゆっくりな子にとっては，半分くらいしか理解できません。**それに対して自由進度学習であれば，自分のレベルに合わせて学習を進めることができます。

自由進度学習

　自由進度学習にも様々な方法と学習形態が存在します。単元の枠や教科の枠を取り払ったものもありますが，ここでは単元内自由進度学習を例に取って考えていきましょう。

　５年生で最初に学習する「整数と小数」の単元を５時間で計画したとします。これまでの形式の授業では，１時間ごとに進度が決まっていて，その時間の目標も設定されています。５時間授業を受けるとその単元の学習が終わり，テストを実施します。一方，自由進度学習は，教科書の内容を１時間で５時間分学習しても良いし，２時間かけて１時間分の内容をわかるまで繰り返し学習することもできます。「個別最適な学び」を考えると，**その単元の目標を達成するために，早く終わった友達や YouTube に教えてもらうなど教科書を使わずに学習しても，その子にとって最適な方法で学習をすれば良いのです。**

))) 自由進度学習のデメリット

　自由進度学習の方法を取れば，待たされる子も置いていかれる子もいなくなり，自立した学習者を育てることができます。その一方で，**教師は子どもが上手に学習を進めることができるように計画を一緒に立てたり，適切な声かけをしたりしてモチベーションを維持する必要があります**。しかし，全員がそれぞれのペースで学習を進めているので，学習進捗を把握することがとても大変です。ここでICTを活用することでこのデメリットを補うことができます。私はスプレッドシートを活用してめあてと振り返りを見える化しました（p.46参照）。

　めあての立て方も最初はうまくいきませんでした。最初は簡単すぎるめあてや1時間で到底達成できないめあてを立ててしまいます。しかし，徐々に自分の能力がどのくらいでこの課題はこのくらいの時間を費やせばできそうだと考えることができるようになります。"生涯にわたってアクティブに学び続ける"学習者を育成するにあたって必要な能力になります。

　また教材の準備も必然的に多くなりますが，これもICTを活用することで解消することができます。教師は自分で学習が進められない子どものサポートに回りたいので，自分で学習を進められる子どもに対しては自分で丸付けができるものや自動採点ができるものを用意しておくと良いでしょう。YouTube動画に問題を挿入できるEdpuzzleや自動採点できるGoogleフォームを積極的に活用しましょう。

Point!

➤自分で学習進度を決められる自由進度学習を考える
➤学習進捗の把握や問題の採点はICTを活用する
➤教師は子どものモチベーション維持や学習計画のサポート

4 協働的な学びと教師の役割

　子どもたちが学習を最適に調整して「個別最適な学び」が行えるようになる一方で、「個別最適な学び」が「孤立した学び」に陥る可能性があります。中央教育審議会の「令和の日本型学校教育」答申には、次のように記述されています。

　『「個別最適な学び」が「孤立した学び」に陥らないよう、これまでも「日本型学校教育」において重視されてきた。探究的な学習や体験活動などを通じ、子供同士で、あるいは地域の方々をはじめ多様な他者と協働しながら、あらゆる他者を価値のある存在として尊重し、様々な社会的な変化を乗り越え、持続可能な社会の創り手となることができるよう、必要な資質・能力を育成する「協働的な学び」を充実することも重要である。』

))) 「協働的な学び」の充実で「孤立した学び」を回避

　「個別最適な学び」を行っているとそれぞれ取り組んでいる内容が異なるので「協働的な学び」が発生しにくいと考えるかもしれません。しかし、いつでも話し合って良い環境を作ることができると、それぞれ別の学習を行っていた2人が「ちょっと今いい？　これどうやって解いた？」と話し始めて、同じ問題に対して一緒に取り組んだり、いつの間にか新しい課題に挑戦していたりすることがあります。「協働的な学び」は相互理解を高めるだけでなく、学習意欲や自己肯定感を高めることができ、心理的安全性を与えます。「孤立した学び」に陥るのを避け、主体的な学びを持続的なものにし、「個別最適な学び」がより一層充実します。教師は、クラスの中にいつでも「協働的な学び」ができるような学習環境を築くことが重要であることがわかります。

教師の役割とは

　様々な学習教材と学習方法を提示し「個別最適な学び」を行うことができるようになり，いつでも話し合える環境を構築し，「協働的な学び」ができるようになりました。しかし，いつも同じ人同士で協働するようになると，違った見方や考え方は生まれにくいです。協働しやすい友達を見つけることは大変良いことですが，誰とでも協働できるようにならないと理解を深めることができません。**話しやすい友達や意見の合う友達と協働した上で，あまり話していない友達や違う意見の友達を見つけて協働できるように，教師がサポートすることが重要になります。**話しやすい友達がお休みのときは学習が効果的に進められない，なんてことにならないよう，誰とでも協働できるように，教師の声かけが必要になってきます。席替えや意図的にグループを形成することも効果的でしょう。

　ICT の活用によって「個別最適な学び」を充実させる問題付きの動画や自動採点機能のある教材作りが可能になり，「協働的な学び」へとシームレスに移行できるデジタルホワイトボードの活用，そして個別の学習の進捗を簡単に把握することができるようになりました。これまで実現することが難しかった「個別最適な学び」と「協働的な学び」が ICT によって実現可能なものになります。私たち教師の役割もそれに伴って変化していかなければなりません。孤立した学習者を育成するために，教師は知識を伝える役割から子ども一人ひとりの成長をサポートする役割へとシフトしていきましょう。

Point!

➢「個別最適な学び」が「孤立した学び」に陥らない環境作りが大切

➢誰とでも協働できるように教師のサポートが必要

➢ICT を活用して算数の授業を「教える」から「サポートする」にシフト

② 授業をデザインする

　「個別最適な学び」と「協働的な学び」を理解した上で，授業をデザインしていきましょう。授業は１時間ずつ考えるのではなく，単元ごとに授業の構成を考えていきます。**この単元ではどの時間にどんな活動をし，どんな知識や技能を身につけさせたいのか，子どもたちのどんな様子を見取り評価するのか，それらについてしっかりと確認しておきましょう。**

① 算数科で身につけさせたい力

　算数の授業を通して，子どもたちにどんな力を身につけさせたら良いのでしょうか。小学校学習指導要領（平成29年告示）解説算数編では，算数科の目標が次のように記載されています。

　『数学的な見方・考え方を働かせ，数学的活動を通して，数学的に考える資質・能力を次のとおり育成することを目指す。
(1)数量や図形などについての基礎的・基本的な概念や性質などを理解するとともに，日常の事象を数理的に処理する技能を身に付けるようにする。
(2)日常の事象を数理的に捉え見通しをもち筋道を立てて考察する力，基礎的・基本的な数量や図形の性質などを見いだし統合的・発展的に考察する力，数学的な表現を用いて事象を簡潔・明瞭・的確に表したり目的に応じて柔軟に表したりする力を養う。
(3)数学的活動の楽しさや数学のよさに気付き，学習を振り返ってよりよく問題解決しようとする態度，算数で学んだことを生活や学習に活用しようとする態度を養う。』

これらの目標をしっかりと確認しながら，日常の事象を数理的に処理する技能を身につけることや，自分の考えを数学的に表現し処理する活動のために，**手段として ICT をどのように効果的に利用していくことできるかを単元ごとに考えていきましょう。**

問題解決の過程を大切にする

　算数は，答えが合っていれば良いと考えている子どもたちが少なからず存在すると思います。私自身，確認テストや単元テストの点数の結果によって内容がどの程度理解できているかを確認しており，その結果によって声かけを行なっています。正しい答えを出すことはとても重要なことですが，繰り返し行う問題演習のように正解を重視する授業ばかりを続けてしまうと，答えがわかれば良いと子どもたちは考えるようになります。

　算数科の目標で確認したように，「日常の事象を数理的に捉え見通しをもち筋道を立てて考察する力」や「数学的活動の楽しさや数学のよさに気付き，学習を振り返ってよりよく問題解決しようとする態度」を私たちは子どもたちに身につけさせたいのです。問題を提示して，答えと解き方を確認したら完了ではなく，途中の考え方を説明できたことを評価することが重要です。**どのようにしてその答えを出すことができたのかを図で示したり，どうしてその考えをしようとしたのかを説明したりすることができるよう，問題解決の過程に価値付けをしていきましょう。**

Point!

➤算数科の目標を確認しその手段として ICT の活用について考える

➤問題解決の過程に価値付けをして評価する

➤授業の目的を見失わないように適宜算数科の目標を確認しよう

2 単元の見通しを立てる

　算数科の目標を確認して実際に授業をデザインしていくことになりますが，授業を考えるときは，１時間ごとに考えるのではなく，単元ごとに考えて見通しを立てていくことが重要です。

算数・数学の学習過程のイメージ

　小学校学習指導要領（平成29年告示）解説算数編で，算数・数学の問題発見・解決の過程のイメージが次のように記載されています。

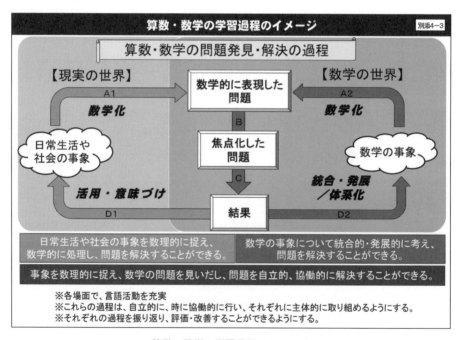

算数・数学の学習過程のイメージ

図の左側の現実の世界における「日常生活や社会の事象を数理的に捉え，数学的に処理し，問題を解決することができる」サイクルと右側の数学の世界における「数学の事象について統合的・発展的に考え，問題を解決することができる」サイクルの２つが**相互に関わり合って展開し，単元内で何度もこのサイクルを回していくことが大切です。**単元で考えることで，１時間の中で１回A→B→C→Dと回しても良いですし，A→B→Cと回した後の次の授業でDからスタートすることもできます。

授業準備の効率化と授業形式の選択

　単元の見通しを立てることで授業全体の流れや目的が明確になり，子どもたちも何を学ぶのか，どのように学ぶのかが明確になります。教師自身も**授業を効果的に進行させるための方法や，必要な教材，教具の準備が事前に計画的に行えるようになります。**ICTを活用することで，印刷することなく事前に問題を用意しておくことや，クイズや動画などの教材をストックしておくことができ，さらに効率よく授業準備を進めることができます。

　授業の形式も単元ごとに考えることで柔軟に変えていくことができます。新しい概念の導入や基本的な情報の共有には一斉授業を行うこともありますし，既に学んだ内容の復習や練習，深い理解を求める場面では自由進度学習を選択することができます。単元やクラスの状況に応じて，授業をデザインしていきましょう。

Point!
➤算数の学習過程のイメージを確認して次の単元に当てはめる
➤単元の見通しを立てて授業準備を効率よく行う
➤慣れてきたら授業方法や形式を柔軟に変更してみよう

3 評価の見通しを立てる

　学期末に評価で慌てた経験はありませんか。単元の見通しを立てると同時に評価の見通しを立てておくことで，学期末に行う評価が確認だけで済み，より正確な評価を行うことができます。評価を行うことは子どもたちの学習や教師の指導改善に役立ちます。しかしながら，毎時間評価を行うことは難しいこともあるでしょう。もちろん毎時間評価を行うことは理想ですが，ここではファーストステップとして，単元の学習が終わったときに，子どもも教師も成長できるような評価の方法について考えていきましょう。

評価するポイントを決める

　単元の目標と授業の流れが決まったら，どこでどんな活動の様子を見取るのか，どのような振り返りや課題を提出させるのかを決めておきます。例えば，途中に確認テストを１回行い，単元の最後にもテストを行うと決めておけば，**途中のテストで子どもの理解度を把握することができ，自分の指導について振り返ることができます。**この２回のテストの結果を記録しておくことで「知識・技能」の評価の判断材料にもなります。

　「思考・判断・表現」についてはテストの結果だけでは評価することができませんので，子どもの授業中の様子を見取る必要があります。第３学年「余りのあるわり算」の評価規準の一つを「除法が用いられる場面の数量の関係を，具体物や図などを用いて考えている。」とすると，それを考えさせる授業があるはずですので，そのポイントで子どもの様子を見取ることを決めておけば良いのです。座席表に丸を付けたり，メモを残したりしておくと良いでしょう。「主体的に学習に取り組む態度」についても同様で，**授業で見取るポイントを単元の最初に決めておくことで，最低限その単元の中で，それぞれの観点で子どもの様子を見取ることができます。**

評価した記録を残しておく

　評価するポイントを決めておくことで，その単元の中で最低でもそれぞれの観点で子どもを評価することができるようになりました。しかしその記録を残しておくのは意外と面倒です。紙で記録を取った場合には，授業中の記録は取りやすいものの，複数の単元でまとめて見る際にデータで入力し直したり，紙なので個人情報に注意して管理したりしなければなりません。デジタルの場合は管理しやすくなりますが，教室内でタブレットを持ってクラス全員を見取るのは少し難しいです。

　そこで私は子どもたちに課題や振り返りを提出してもらうようにしています。もちろん授業中の様子も可能な限り見取って記録しますが，全員の声を同時に聴くことはできません。**子どもたちのノートを提出してもらうことで，問題をどのように捉えていてどのように取り組んだのかの様子を把握すること**ができます。デジタルのノートであればそのまま教師が確認できますし，紙のノートであっても写真を撮って提出してもらうことで，子どもの様子を把握することができます。提出されたものは授業外にも見ることができますし，もちろん学期末の評価の際にも確認することができます。

ノートを撮影して提出する様子

Point!
➤単元の中で評価するポイントの授業を決めておく
➤最初から完璧に行うのではなく，継続できる評価の方法で始める
➤子どもの考えや振り返りを提出してもらいデジタルで記録を残す

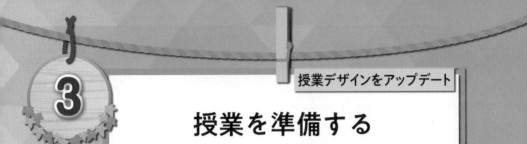

3 授業を準備する

　ここでは実際に授業を準備する手順について考えていきましょう。ICT を活用して最低限の作業量で授業準備を行うことができるように記載していますので，ぜひできるところから始めてみてください。

1 問題を書いておく

　授業の最初に行う問題提示は，子どもたちの学習意欲や興味を引き出す上で重要な役割を果たします。しかし，問題を黒板に書く方法では，先生が書き始めてから最後の子がノートに写し終わるまでの間，学習活動が待機状態となります。仮にこの時間が毎回5分とすると，週に5時間の算数の授業が35週で，合計14時間がこの作業時間として消費されることになります。

　デジタル教科書を利用していれば，問題の部分をスクリーンショットして子どもたちに配布するだけでも，その作業時間を大幅に減少させることができます。一緒に問題を読み上げたり，問題に線を引いたりしながら，提示された問題を把握することができます。子どもたちは最初こそ書き込みの仕方に少し戸惑いますが，一週間も経つと様々な色のペンを利用して自分の考えや式を記入することができるようになります。

　右ページの図のような図形の問題では複数の考え方があり，様々な方法の違いや良さを見つける活動が期待できます。図形のかかれた用紙を何枚も印刷して配布する方法では準備に大変時間がかかり，紙をもらったりノートに貼ったりする作業の時間が増えてしまいます。**デジタルの良さは一つの画像をコピーして複数の方法で考えを書き込むことができ，修正も簡単にできることです。**

デジタルホワイトボードを活用する

FigJam や Canva 等のデジタルホワイトボードが利用できれば，授業でできることは大きく広がります。グループで共有したホワイトボードに意見を出し合いながら書き込みを行ったり，作業を分担したりすることができます。簡単に自分の考え方を共有することができ，コメントを行うことやスタンプを押すことができます。

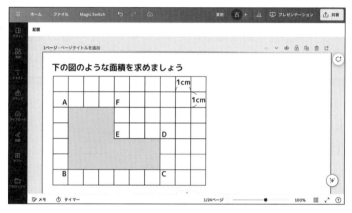

Canva で作成した問題

デジタルホワイトボードを利用する際には最初に1時間程度使い方の練習を行った方が良いでしょう。**たくさんの機能がありますが，全てを紹介しなければならないのではなく，一緒に遊んでみる感覚で良いです。**子どもたちは教わるのではなく，自分たちで機能を試して「それどうやったの？」と友達と教え合い，あっという間に使い方をマスターしてしまいます。

Point!

➢問題は事前に用意して共有することで活動の時間を確保
➢デジタルホワイトボードの活用で学び方が広がる
➢使い方の練習をしながらルールについても考えさせよう

　第2章ではめあてを立てる手段として，Padletやスプレッドシートなどを紹介しました。ところで，めあては何のために立てるのでしょうか。例えば，「計算の仕方を考えよう」というめあてをノートに書き写す作業に時間をかける必要があるのでしょうか。めあては学習の見通しを持ち，主体的に学習していくために必要なものです。それなのに，めあてを書くことが目的になってしまっていて，ただの作業になってしまっていることがないでしょうか。もし，めあてを書かなかったとして同じように授業が進行するのであれば，ただの雑談と一緒です。「計算の仕方を考えよう」というめあてを立てて意識させたいのであれば，口頭でしっかりと伝えるだけで良いのではないでしょうか。私はめあてを書くことはほとんどありません。**計算の仕方がわかるようになりたい，問題を解けるようになりたい，もう問題は解けるから説明できるようになりたい，など主体的に子どもが決定するものであってそれぞれ異なるからです。**もちろんそういっためあてを無意識に立てて学習を進められる子どももいれば，立てることができない子どももいるでしょう。そうであるならば，なおさら一律のめあてを設定することをやめて，それぞれの子どもに合っためあてを立てられるようなサポートをしていくべきだと思います。

自分でめあてを立てる練習をする

　めあてを立てるにはまず自分の力を正確に把握する必要があります。4段の跳び箱が跳べないのに6段の跳び箱を飛べるようにするというめあては無謀ですし，6段の跳び箱が既に跳べるのに4段の跳び箱が飛べるようになるというめあてでは簡単すぎて学習になりません。自分の力を把握して，ちょうど良いめあてを立てられるようになる必要があります。

📱))めあてを宣言する

　上手にめあてを立てるためには教師のサポートが必要です。それぞれの子どもに合わせた適切なフィードバックをすることは教師の役割であり，教師にしかできないことです。そして，教師だけでなく，クラスの友達からも学ぶことができます。**Padlet やスプレッドシートでめあてを共有することで，友達がどんなめあてを立てていてどのように振り返っているのかを参考にすることができます。**自分にとって難しすぎるめあてや，何をやるのかが明確になっていないめあても，友達のめあてを確認しながら改善されていきます。

また，立てためあてが見られている状態になり，子どもたちはめあてを宣言したことにもなります。私たち大人もそうですが，**自分の目標を宣言することでモチベーションが上がりその時間集中して取り組むことができます。**

スプレッドシートで共有されためあて

Point!
➤ 何のためにめあてを立てるのかを明確にし形式化した作業はやめる
➤ 子どもたちがちょうど良いめあてを立てられるように練習する
➤ めあてを宣言することでモチベーションをアップできる

③ 練習問題と発展問題を用意する

　教科書には，導入問題で見いだした見方・考え方をそのまま当てはめて解決することができる適用問題が用意されています。一斉に問題を解かせて時間が経ったら答え合わせをする方法では，待ちの時間が出てしまう子どもや解き終わらない子どもが出てしまうことはこれまで何度も説明してきた通りです。「個別最適な学び」を実現するため，子どもたちが自分のペースで学習できるよう準備を行いましょう。

))Edpuzzle で動画に問題を挿入

　Edpuzzle は YouTube の動画を自由に切り取って問題を挿入することができるアプリケーションです。反転学習として事前に動画を視聴してからその知識を基に授業を進めても良いですし，一斉授業で難しかったときにもう一度視聴することや，前の学習内容を確認したいときに利用することができます。小学校の算数では，教育系 YouTuber の葉一さんが「とある男が授業をしてみた」というチャンネルで多くのコンテンツを配信されていますので，ぜひ活用してみてください。動画は一時停止しながら自分のペースで学習を進めることができます。**動画で置き換えられる部分は動画に任せて，教師は目の前にいる子どもたちへの適切なサポートと動画では置き換えられない授業を展開していきましょう。**

YouTube 動画の編集画面

Kahoot! と Google フォームを使いこなす

　Kahoot! はクラス全体でクイズ大会を開催することもできますし，自分の
ペースで学習を進めていくこともできます。選択問題なので算数があまり得
意でない子にとっても取り組みやすいツールですが，理解度を確認するには
記述式も可能な Google フォームが適しています。自分で何度も練習したいと
きには Kahoot!，確認テストのときは Google フォームのように使い分けて
も良いですし，どちらかのツールだけを利用するのでも問題ありません。も
う少しこんなことしたいなと思ったときに新しいツールを試してみましょう。

　Kahoot! や Google フォームで問題を作ることができれば**自動採点で子ど
もたちは自分のペースでどんどん学習を進めることができます**。以前私は早
く終わった子どもに発展問題を出すけれど，適用問題がまだ終わっていない

子どものフォローに回ってしまい，
発展問題の丸付けまでできないこ
とが多くありました。3年生以上
であれば植木算や方陣算などの問
題を Google フォームで作成して
Google Classroom に投稿してお
くことで，早く問題を解き終えた
子どもが自分でそのフォームにア
クセスして課題に取り組むことが
できます。

Classroom に投稿された発展問題

Point!

➤「個別最適な学び」を行いながら「協働的な学び」ができる環境作り

➤Google フォームで練習問題と発展問題を自動採点に

➤子どもたち自身が学習を調整して選択できるよう教師が支援

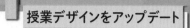
4 授業を振り返る

　立てためあてに対して振り返りをする時間は必ず設けたいです。「まとめ」と「振り返り」を分けて書く方法もありますが，どちらでも良いです。大切なのは**子どもたちが学習した内容を振り返り，授業における自分の学びを確認し，達成感を得て学習意欲を向上させ，新たな「問い」を持てるようにすること**です。そのための手段として「まとめ」と「振り返り」を分けて書いても良いし，子どもたちに委ねても良いです。絶対に振り返りを書かないといけないと教わって，意味のない振り返りを書かせることだけはやめましょう。その振り返りを行うことによって，子どもたちにどんな力を付けさせたいのかを再確認しましょう。

1 振り返りを書き込むシートを準備

　振り返りを書く目的を確認したら，その手段は最適なものを選択すれば良いです。私は「めあて」に対する「振り返り」をしっかりと行ってほしいので，Padlet やスプレッドシートなど同じツールにどちらも書かせています。低学年でスプレッドシートの利用が難しい場合には，Padlet の「描画」の機能を利用するか，FigJam や Canva を活用します。最初はノートやプリントに書かせて回収したり写真に

振り返りを書き込むシート

撮って提出したりしても問題ありません。**目的を達成するために，その学年やクラスの実態に応じて適切な方法を選択しましょう。**

意味のない振り返り

　振り返りを指導せずに書かせると，「いろいろ勉強した，楽しかった」という振り返りを多くの子どもたちが書いてきます。この「いろいろ」は何を学習したのかを具体化できていないので，きちんと振り返ることができていません。私は「いろいろ禁止令」を出して，**何を学んだのか，そ**

具体的に振り返りを記入する

れはどんな知識を使って，どんなことに今後活用できそうなのか，を具体的に書くように説明しています。また，めあてと同様，振り返りも共有することで，友達の発見したことや次に学ぼうとしている姿勢も共有することができ，より良い振り返りを書くことができるようになるとともに，学習意欲を向上させます。

Point!

➤振り返りを書かせる目的を再確認する
➤良い振り返りができるようサポートすることが重要
➤ICT を活用し共有することで友達の振り返りからも学べる

2 フィードバックする

　授業の中で取り組んだ課題や記入しためあてと振り返りに対して本来はその場で，良くできていたところや改善点などのフィードバックを与えることができると良いのですが，授業時間内にそこまで実施することは難しいです。授業後の課題の提出状況や振り返りを確認して，あまり負担にならない範囲でコメントを行いましょう。子どもたちは先生が見てくれていると感じることで，次の学習のモチベーションを上げることができます。

スタンプと限定コメント

　FigJam や Canva で作成した子どもたちの考えについてはスタンプを押したりテキストを入力したりすることができます。この方法は**クラス全員が見ることができ，子どもたち同士の相互評価も行うことができます**。個別にコメントを行いたいときには，Google Classroom などの限定コメントを活用しましょう。教師とその子どもだけが見ることができるチャットでコメントを行い，よくできたところや少し足りなかったところを一言で良いので伝えましょう。**定期的に行うことで，先生がしっかりと見てくれているという安心感を与え，主体性や自己肯定感を高めることができます**。評価の見通しをしっかりと立てておき，評価するポイントを決めておくことで，提出させる成果物とコメントする視点が明確になるでしょう。

限定コメントでフィードバックする

自分の授業を改善する

Google フォームで授業アンケートを行った際には，スプレッドシートでの分析を行うことができます。子どもたちの自己評価で，めあての立て方が難しいと感じている子どもが多ければ全体でめあての立て方のポイントを確認したり，わからない問題があったときに友達と話し合うことが難しいと感じている子どもが多ければ，意図的に作成したグループで活動を行ったりして，授業を改善していくことができます。授業の

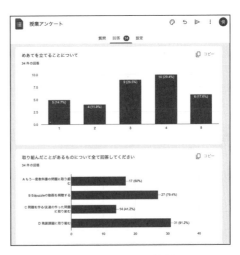

授業アンケートの結果

理解度が低いと感じている単元についてはどの部分が難しいと感じているのかを把握して，もう一度解き方を確認することができます。

アンケートを取り分析を行うのは手間がかかりますが，子どもたちが授業を受けていてどのように感じているかを把握することができます。**協働的な学びができているように見えて，実は特定の人としか話せていないことがわかったり，もっと発展問題を解きたいと感じている子どもやもっと友達に説明できるようにしたいと感じている子どもがどのくらいいるのかを把握したりして次の授業に活かしていくことができます。**

Point!
> 簡単なコメントやスタンプでフィードバックを定期的に行う
> フィードバックで子どもの主体性と自己肯定感を高める
> アンケートで子どもがどのように感じているかを把握して授業改善

Google Classroom の予約投稿

授業で利用するプリントやホワイトボードなどのノートをデジタルで配布できるようになり，紙の印刷と配布から休んだ子や忘れた子への対応まで不要になりました。さらに，**授業準備が完成したら Google Classroom の予約投稿機能で時刻を設定しておけば，指定した時刻に課題や資料を配布してくれます**。先生は授業開始時にプリントを印刷して職員室から教室に持っていく必要もなく，休み時間に急な子どもの対応があって授業に遅れてしまったとしても課題が生徒に配布されます。慣れてくると子どもたちは教師の指示を待つことなく，課題に取り組み始めます。

小数のかけ算と割り算	⋮
自 授業の振り返りアンケート	投稿予定: 12月15日 9:20
自 12月15日課題 （14/14）	投稿予定: 12月15日 8:40
自 12月14日課題 （13/14）	投稿予定: 12月14日 13:40

Google Classroom で予定を設定した課題

授業開始時刻に課題を配布するのと同様に，授業終了5分前に振り返りのアンケートを予約投稿しておくこともできます。事前に投稿時刻を設定しておくことで，教師が全員の手を止めて一斉に説明をする時間が減り，子どもたちへの個別のサポートに時間を費やすことができます。

A
数と計算での
ICT 活用

> どんぐりを　3こ　もっています。
> 9こ　もらいました。
> どんぐりは　あわせて　なんこに　なりましたか。
>
>

目　　　標

1位数どうしの繰り上がりのある加法計算で，被加数を分解して計算する方法があることを知り，計算の仕方について理解を深める。

1. FigJam/Canva のテンプレートを編集し，問題を人数分コピーする。名前や考え方を記入する枠を作成しても良い。

2. Google Classroom などを利用してリンクを子どもたちと共有する。

3. クラス全体で問題を把握する。これまでの計算と比較して被加数より加数の方が大きいことを確認する。

4. 3＋9の計算の仕方を説明する。被加数と加数のどちらを10にしたいかを考えさせる。10のまとまりを作ることに着目して，丸で囲んだり図を移動させたりしながら，計算の仕方を説明させる。

5. 友達に自分の考えを説明したり友達の考えを聞いたりする。

6. 自分の考えと友達の考えの共通点や違いについて話し合う。もしくはコメントし合う。加数分解も被加数分解も10と2になっているという共通点と，加数を分解しているか被加数を分解しているかの相違点について気づかせる。

7. まとめと振り返りを行う。加数分解の方法と被加数分解の方法を学び、自分が計算しやすい仕方で考えて良いことを確認する。

8. 授業後に「3＋9の計算の仕方を図や式を用いて説明している」ことや「被加数を分解して計算する方法について理解を深めたことを振り返り、価値付けていること」を評価する。

9. それぞれの子どもたちへの簡単なフィードバックを行う。

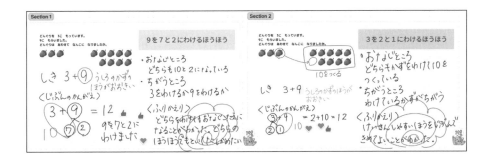

　クラスの考えを整理するときには、子どもたちと一緒に「この方法はどちらかな？」と尋ねながら「9を7と2にわけるほうほう」と「3を2と1にわけるほうほう」という色分けされた図形をそれぞれのノートに貼っていきます。もしくはセクションごとにノートを移動できるので、子どもたちと一緒にセクションを移動して練り上げていくと良いでしょう。

右のQRコードから
FigJam・Canva の
テンプレートを読み込んで
すぐに授業で活用できます。
（p.134~137参照）

2 2学年　ひき算

すぐるさんは　47円を　もっています。
18円の　チョコレートを　買いました。
のこりは　いくらですか。

目　　標

２位数－２位数（繰り下がりあり）の筆算の仕方を，数の仕組みに着目して考え，説明することができる。

---

1. FigJam/Canva のテンプレートを編集し，問題を人数分コピーする。名前や考え方を記入する枠を作成しても良い。

2. Google Classroom などを利用してリンクを子どもたちと共有する。

3. 問題を読んで式を立てる。計算結果を見積り，その数をどのように見積もったのかを説明させる。

4. これまでに学習した筆算との違いを考えさせ，明らかにする。７－８の計算ができないからといって８－７の計算をしてしまうと求めたい数を計算できないことを強調する。

5. 自分の考えを図や言葉を使って説明する。47を30と17に分ける減加法の考えの他に，18を17と１に分ける減々法の考えが予想される。減加法はこの後の減法の筆算につながっていく考えであるが，数学的な見方・考え方を広げる観点から様々な考えを認めるようにしたい。

6. 友達に自分の考えを説明したり友達の考えを聞いたりする。相手の考えをしっかりと理解させるために，同じ考えや異なる考えにスタンプなどを押すように指示しても良い。

7．まとめと振り返りを行う。数の分け方を変えれば，これまでの学習の計算で答えを求めることができることに気づかせる。

8．授業後に「筆算の仕方を，数の仕組みに着目して考え説明することができている」ことや「筆算の仕方を説明したり聞いたりして理解を深めたことを振り返り，価値付けていること」を評価する。

9．それぞれの子どもたちへの簡単なフィードバックを行う。

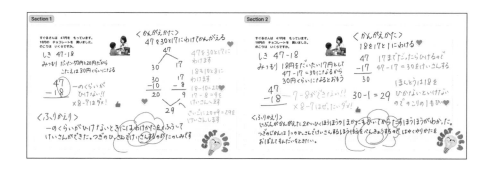

　自分の考えを図や言葉を使って説明する時間では，考えを書くのが難しい子どももいるでしょう。事前にヒントカードを作成しておき，支援が必要な子どものノートに貼り付けても良いです。別の FigJam/Canva に「47を30と17にわけると」などのカードを図形で作成しておき，コピー＆ペーストで貼り付けを行うことで効率良く授業を進められます。

右の QR コードから
FigJam・Canva の
テンプレートを読み込んで
すぐに授業で活用できます。
（p.134~137参照）

いろいろな求め方で12×4の答えを求めましょう。

○○○○
○○○○
○○○○
○○○○
○○○○
○○○○
○○○○
○○○○
○○○○
○○○○
○○○○
○○○○

目　　　標

被乗数が10を超える場合の答えを，乗法に関して成り立つ性質や決まり
を用いて考え，説明することができる。

1．FigJam/Canva のテンプレートを編集し，問題を人数分コピーする。名
　　前や考え方を記入する枠を作成しても良い。

2．Google Classroom などを利用してリンクを子どもたちと共有する。

3．クラス全体で問題を把握する。被乗数が10を超えていることに着目し，
　　これまで学習した乗法との違いを明らかにする。

4．自分の考えを図や式を使って表す。友達が見たときにどのように考えた
　　のかがわかるように，丸で囲んだり式や言葉で説明したりするように意
　　識させる。

5．友達に自分の考えを説明したり友達の考えを聞いたりする。

6．自分の考えと友達の考えの共通点や違いについて話し合う。

7．まとめと振り返りを行う。これまでに学習した乗法が使えるように，分配法則を使って被乗数の12を分けていることを確認する。

8．授業後に「12×4の答えの求め方を図や式を用いて説明している」ことや「乗法の性質やきまりを活用して問題解決したことを振り返り，価値付けていること」を評価する。

9．それぞれの子どもたちへの簡単なフィードバックを行う。

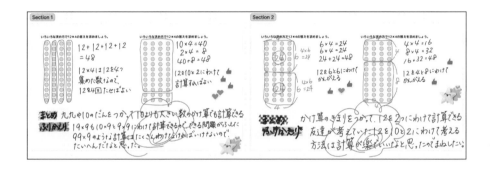

　子どもたちにはいろいろな考え方でこの問題に取り組んでほしいので一つの方法で解けたら「他の方法もあるかな？」と問いかけて，数学的な見方・考え方を養いましょう。複数の考えを書くときには問題をコピーして取り組むことができることを伝えておくか，教師が全員分のノートを確認しながら，子どもたちに配っていっても良いです。

右の QR コードから
FigJam・Canva の
テンプレートを読み込んで
すぐに授業で活用できます。
（p.134~137参照）

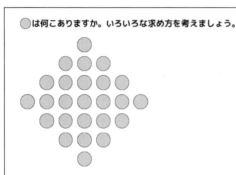

> ⬤は何こありますか。いろいろな求め方を考えましょう。

目　　標

ドットの数の求め方を図や式に表したり，図や式から考え方を読み取り説明したりすることができる。

1. FigJam/Canva のテンプレートを編集し，問題を人数分コピーする。名前や考え方を記入する枠を作成しても良い。
2. Google Classroom などを利用してリンクを子どもたちと共有する。

3. クラス全体で問題を把握する。ひし形に並んだ丸の数を１つずつ数えるのは面倒であり，同じ数のまとまりを作り，かけ算とたし算の式で表していけば良いという共通の認識を持たせる。
4. 自分の考えを図や式を使って表す。友達が見たときにどのように考えたのかがわかるように，丸で囲んだり式や言葉で説明したりするとともに，これまでに学習した「１つの式に表す」ことを意識させる。
5. 図や式に表された FigJam/Canva のノートを見て，どのように友達が考えたのかを説明し合う。

6．自分の考えと友達の考えの共通点や違いについて話し合う。

7．まとめと振り返りを行う。どの考え方も計算の順序の約束を用いて，1
　　つの式で表すことができることを確認する。

8．授業後に「ドットの並び方やまとまりに着目して求め方を図や式を用い
　　て説明している」ことや「自分の考えを1つの式で表すことや，図から
　　考えを読み取ったことを振り返り，価値付けていること」を評価する。

9．それぞれの子どもたちへの簡単なフィードバックを行う。

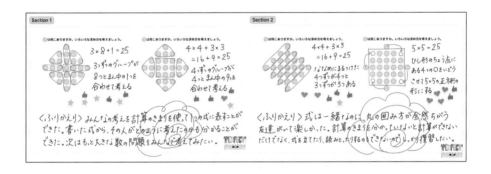

　友達の図や式からどのように考えたのかを読み取る活動では，全員のノー
トを共有していることで，その場にいない別の友達の考えについても説明す
ることができます。子どもたちもノートを一覧にしていることで多様な考え
を楽しむことができます。

右のQRコードから
FigJam・Canva の
テンプレートを読み込んで
すぐに授業で活用できます。
（p.134~137参照）

リボンを 3 m買ったら、代金は300円でした。
このリボン1mのねだんは何円ですか。

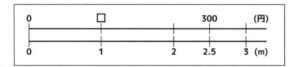

目　　標

小数でわることの意味を図や式を用いて考え説明することができる。

1．FigJam/Canva のテンプレートを編集し，問題を人数分コピーする。名前や考え方を記入する枠を作成しても良い。

2．Google Classroom などを利用してリンクを子どもたちと共有する。

3．リボンの長さが整数のときの式と答えを求める。問題の「2.5」の上に「3」のテキストボックスが貼られているので，解き終えたら削除し，リボンの長さを表す数を整数から小数に変える。

4．クラス全体で問題を把握する。2.5等分のように，除数が整数のときの等分除の考えでは無理が生じることを確認する。

5．式を立てて，なぜその式になるのかについて言葉の式や数直線を使って説明する。

6．友達に自分の考えを説明したり友達の考えを聞いたりする。もしくは友達の考えを説明し合う。数直線を用いて代金と長さは比例関係にあることから，□×2.5＝300と立式できることを確認させ，□を求める式は300÷2.5になることをおさえる。

7．まとめと振り返りを行う。□×2.5＝300の式の意味は□を1と見たときの2.5にあたる大きさが300ということであったことを確認した上で，300÷2.5の式の意味はその1と見た□を求める式であることを，数直線を用いて丁寧に確認する。

8．授業後に「300÷2.5の式になる理由を図や式を用いて説明している」ことや「小数でわることの意味について既習の見方を活用して考えたことを振り返り，価値付けている」ことを評価する。

9．それぞれの子どもたちへの簡単なフィードバックを行う。

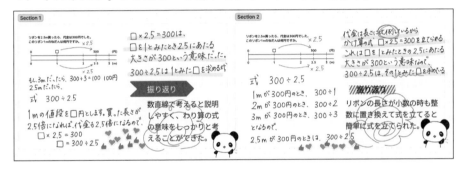

問題の下にある数直線については，子どもたちが自分でかけることが望ましいのでクラスの実態に応じて削除して共有しましょう。教師が子どものノートを見ながら，支援が必要な場合にヒントとして，コピー＆ペーストして与えることができます。

右のQRコードから
FigJam・Canvaの
テンプレートを読み込んで
すぐに授業で活用できます。
（p.134~137参照）

$0.3 \div \dfrac{3}{2} \times 3$ の計算の仕方を考えましょう。

$$0.3 \div \frac{3}{2} \times 3 = \frac{3}{10} \div \frac{3}{2} \times 3$$
$$= \frac{3}{10} \div \frac{9}{2}$$
$$= \frac{3 \times 2}{10 \times 9}$$
$$= \frac{1}{15}$$

目　　標

分数，小数，整数の混じった乗除計算の仕方を考え，説明することができる。

1. FigJam/Canva のテンプレートを編集し，問題を人数分コピーする。名前や考え方を記入する枠を作成しても良い。

2. Google Classroom などを利用してリンクを子どもたちと共有する。

3. クラス全体で問題を把握する。小数，分数，整数の混じったかけ算・わり算の計算の仕方について考えることを明らかにする。

4. 問題解決の方針を立てさせる。小数と分数の両方があると計算できないので，分数を小数に表すか，小数を分数に表すかの方針を立てれば良いという見通しを持たせる。

5. 自分の方針に従って問題を解き，友達と解決方法について説明し合う。答えの 0.6 と $\dfrac{3}{5}$ については等しいかどうかを検討し，表し方は違っても大きさが等しいということを確かめさせる。

6. 計算が間違っている問題を提示し，どこが間違っているのかを見いだし，説明させる。

7. 数値を変えた問題について取り組み，解決方法についてさらに検討する。$\dfrac{2}{3}$ のような分数は小数で表すことができないため，小数で表す方法はい

つでも使えるとは限らないことに気づかせる。

8. まとめと振り返りを行う。小数，分数，整数の混じったかけ算やわり算は，小数や整数を分数で表すといつでも計算できることを確認する。

9. 授業後に「分数，小数，整数の混じった乗除計算の仕方を考えて説明している」ことや「これまでに学んだことを活用して問題解決したことを振り返り，価値付けていること」を評価する。

10. それぞれの子どもたちへの簡単なフィードバックを行う。

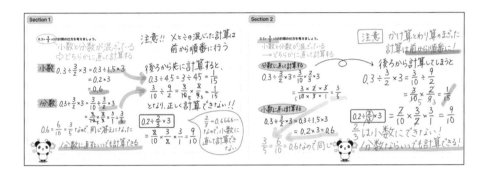

　計算が間違っている問題を後から提示するときには，①別の場所に書いておき，自分にスポットライトを当てて表示させる，②別の場所にカードを置いておき，自分の場所に持っていく，③事前にそれぞれの FigJam/Canva に書いておき非表示にしておく，などがあります。クラスでルールを決めて，子どもたちが学習しやすい方法を選択できるようにしましょう。

右の QR コードから
FigJam・Canva の
テンプレートを読み込んで
すぐに授業で活用できます。
（p.134~137参照）

図形をカードとして活用する

　FigJam や Canva の図形にはテキストを入れることができますので，数字を入力して数字のカードとして活用できます。実際に手を動かして操作させたい場面でも，人数分紙を印刷してカットする必要はなく，テンプレートを配布することで子どもたちは自分の学習スペースでカードを動かして思考することができます。

　１年生ではブロックの代わりとして活用できますし，２年生の九九の暗唱や３年生の暗算では答えを図形で隠しておき，一つずつずらしていきながら確認することができます。６年生の「並べ方と組み合わせ方」では数字のカードを並べる問題が多くあり，デジタルでカードを動かしながら理解を深めることができます。授業中に一度操作しておくと，練習問題で悩んだときに自らカードを作成して答えを導き出すことができます。４年生では計算のきまりを学習後に，右のような小町算の学習を＋や－の記号をカードにして当てはめながら考えていくことにも活用できます。

「並べ方と組み合わせ方」での活用例

小町算での活用例

第5章

B
図形での
ICT活用

① 1学年　かたちづくり

さんかくを　ならべて　いろいろな　かたちを　つくりましょう。

目　標

身の回りにあるものの形の特徴を捉え，直角三角形の図形を並べていろいろな図形を作る活動を通し，図形の構成を理解することができる。

1. FigJam/Canva のテンプレートを編集し，問題を人数分コピーする。名前や考え方を記入する枠を作成しても良い。直角三角形は20個ずつ重ねてあるが，必要に応じて増やしたり減らしたりして良い。

2. Google Classroom などを利用してリンクを子どもたちと共有する。

3. 図形の移動や回転の仕方について確認する。図形をコピーする方法についても学んでおくと枚数の制限なく図形を作成できる。

4. 直角三角形を移動させたり回転させたりして自分の好きな形を作る。作成するスペースや時間の確認，使える直角三角形の個数を確認しておくことで，作成するものと大きさがイメージできる。

5. 作った形に名前を書き込み，全員の作品を鑑賞する。他の子どもたちの作品を鑑賞する際には，誤って消してしまうことのないように，全選択（Ctrl + A）して，右クリックから「ロック」をしておくと良い。

6. できた形について気づいたことを発表する。もしくは書き込む。

7．まとめと振り返りを行う。直角三角形2枚で大きな三角形や正方形ができることや4枚でも大きな三角形や正方形ができることを確認する。

8．授業後に「いろいろな図形を作る活動を通して図形の構成を理解している」ことや「直角三角形を組み合わせて大きな三角形や正方形を作ることができたことを振り返り，価値付けていること」を評価する。

9．それぞれの子どもたちへの簡単なフィードバックを行う。

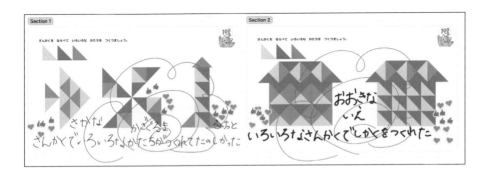

直角三角形の色板が十分に学校にあれば，準備や回収に時間はかかりますが，移動や回転させる操作は実物の方が1年生にとって行いやすいでしょう。しかし，デジタルで行うことで，直角三角形の個数に制限なく，ペアやグループで共同して作成することもできます。また，作った作品が記録に残って次回の授業でも活用でき，他の形の図形も追加して利用することができます。

右のQRコードから
FigJam・Canvaの
テンプレートを読み込んで
すぐに授業で活用できます。
（p.134〜137参照）

2 2学年　長方形と正方形

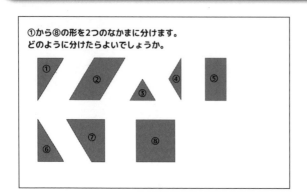

①から⑧の形を2つのなかまに分けます。
どのように分けたらよいでしょうか。

目　　　標

辺や頂点の数に着目して図形を分類する活動を通して，三角形，四角形の意味や性質を理解する。

---

1. FigJam/Canva のテンプレートを編集し，問題を人数分コピーする。名前や考え方を記入する枠を作成しても良い。図形は一つずつ重ねてあるが，必要に応じて削除するか，もう一つコピーして重ねておいても良い。

2. Google Classroom などを利用してリンクを子どもたちと共有する。

3. 最初に①から⑧の図形を使って自由な形を作る。

4. 使った図形の形について話し合う。形に着目する中で図形の構成要素である辺や頂点の個数について意識を向けさせていく。

5. ①から⑧の図形を仲間分けする。仲間分けした理由も説明できるように考えておく。

6. 友達に自分の考えを説明したり友達の考えを聞いたりする。直線の数やかどの数に着目して考えることが予想されるがどちらの考え方も認める。

7．3本の直線で囲まれた図形を三角形といい，4本の直線で囲まれた図形を四角形ということを知る。また，三角形や四角形の直線のところを辺，かどのところを頂点ということを知る。

8．まとめと振り返りを行う。三角形，四角形の辺，頂点の数を確認する。

9．授業後に「三角形と四角形の意味や性質を理解している」ことや「図形の辺や頂点に着目して図形を分類したことを振り返り，価値付けていること」を評価する。

10．それぞれの子どもたちへの簡単なフィードバックを行う。

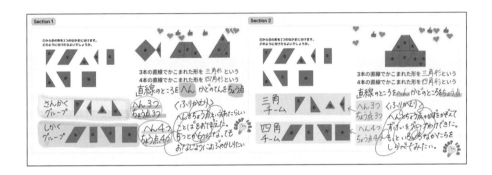

　自由な形を作る場面では，形を作るのが難しい子どもに対して，教師が作成した形をグループ化して黒に変更しておくことで，ヒントとしてシルエットを示すことができ，子どもたちはその上に重ねて形を作成できます。

右のQRコードから
FigJam・Canvaの
テンプレートを読み込んで
すぐに授業で活用できます。
（p.134~137参照）

3 3学年　三角形と角

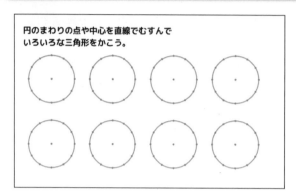

円のまわりの点や中心を直線でむすんで
いろいろな三角形をかこう。

目　　　　標

辺の長さに着目して三角形を弁別し，二等辺三角形や正三角形の意味や性質について理解する。

1．FigJam/Canva のテンプレートを編集し，問題を人数分コピーする。名前や考え方を記入する枠を作成しても良い。
2．Google Classroom などを利用してリンクを子どもたちと共有する。

3．円周上にある点や中心を直線で結んで三角形をかく。手書きではなく，線のツールを使って点と点を結ぶと綺麗にかくことができることを伝える。向きが違う同じ図形をかいている場合には，回転させると同じ図形になることに気づかせ，別の図形をかくように伝える。
4．かいた三角形の特徴を説明し，仲間分けを行う。特徴の説明では，図形の大きさや角の大きさの特徴についての考えも認めるが，その観点ではどの程度かがはっきりせず分けられないことを確認し，仲間分けでは，等しい辺の長さの数に着目すれば良いことを明らかにする。

5. 友達と同じ基準で仲間分けができているかを確認する。

6. 2つの辺の長さが等しい三角形を二等辺三角形，3つの辺の長さがどれも等しい三角形を正三角形ということを知る。

7. まとめと振り返りを行う。辺の長さに着目すると，二等辺三角形，正三角形，その他の三角形に分けられることを確認する。

8. 授業後に「二等辺三角形や正三角形の意味や性質について理解している」ことや「辺の長さに着目して三角形を分類できたことを振り返り，価値付けていること」を評価する。

9. それぞれの子どもたちへの簡単なフィードバックを行う。

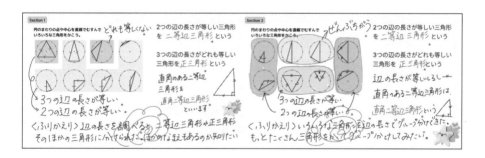

全種類の三角形を1人ではかけないので，クラス全員のノートを確認し，自分の書いていない三角形が正しく仲間分けされていたら「いいね」を押す活動を取り入れると，かいていない三角形についても考えることができます。

右のQRコードから
FigJam・Canvaの
テンプレートを読み込んで
すぐに授業で活用できます。
（p.134~137参照）

下の図のような面積を求めましょう。

目　標

既習の長方形や正方形の面積を求める学習を活用して，Ｌ字型の面積の求め方を考え，説明することができる。

1．FigJam/Canva のテンプレートを編集し，問題を人数分コピーする。名前や考え方を記入する枠を作成しても良い。

2．Google Classroom などを利用してリンクを子どもたちと共有する。

3．クラス全体で問題を把握する。Ｌ字型の形を長方形の組み合わせとして見たり，長方形の一部が欠けている形と見たりする気づきを与え，長方形や正方形を基に考えれば解決できそうだという見通しを持たせる。

4．自分の考えを図や式を使って表す。１つの方法で解くことができたら他の方法も考えさせる。

5．図や式に表された FigJam/Canva のノートを見て，どのように友達が考えたのかを説明し合う。図形を分割する方法や大きな長方形から引く方法の他に，一部を移動させる等積変形や同じ図形を合わせる倍積変形など様々な解法があるので，子どもたちが考えた際には取り上げたい。

6．自分の考えと友達の考えの共通点や違いについて話し合う。

7．まとめと振り返りを行う。複合図形の面積は，長方形や正方形の形を基にして考えれば求めることができることを確認する。

8．授業後に「L字型の面積の求め方を考え説明している」ことや「既習の長方形や正方形の面積の求め方を活用できたことを振り返り，価値付けていること」を評価する。

9．それぞれの子どもたちへの簡単なフィードバックを行う。

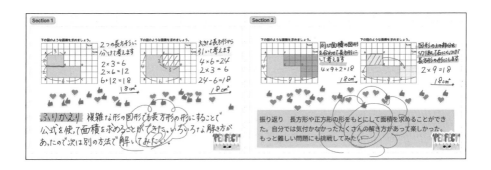

FigJam/Canva では図形を挿入することができ，図形は色を選択して半透明にすることができますので，自分の考えを整理したり，よりわかりやすく説明したりしたいときに役立ちます。詳しく使い方を教えなくても「図形を使ってもいいよ」と伝えるだけで，いつの間にか自分たちで習得しています。

右のQRコードから
FigJam・Canva の
テンプレートを読み込んで
すぐに授業で活用できます。
（p.134~137参照）

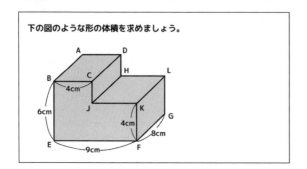

下の図のような形の体積を求めましょう。

目　標

直方体を組み合わせた立体の体積の求め方を図形の特徴を基にして考え、説明することができる。

---

1. FigJam/Canva のテンプレートを編集し、問題を人数分コピーする。名前や考え方を記入する枠を作成しても良い。

2. Google Classroom などを利用してリンクを子どもたちと共有する。

3. クラス全体で問題を把握する。このままでは直方体や立方体の求積公式を用いることができないことを確認し、図形を分ける考えや足りない部分を補う考えを取り上げ、解法の見通しを持たせる。

4. 自分の考えを図や式を使って表す。友達が見たときにどのように解いたいのかがわかるように補助線や説明を加えさせる。1つの方法で解くことができたら他の方法も考えさせる。

5. どのように友達が考えたのかを説明し合う。立体を分割する方法や大きな立体から引く方法の他に、この問題では切り離した立体を移動させてつなげることで、1つの直方体として捉え直すこともできる。

6．自分の考えと友達の考えの共通点や違いについて話し合う。

7．まとめと振り返りを行う。複合図形の体積は，直方体や立方体の形を基にして考えれば求めることができることを確認する。

8．授業後に「直方体を組み合わせた立体の体積の求め方を考え説明している」ことや「立体の体積の求め方を図形の特徴を基にして考えることができたことを振り返り，価値付けていること」を評価する。

9．それぞれの子どもたちへの簡単なフィードバックを行う。

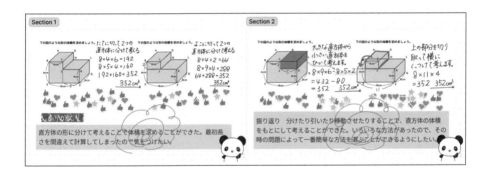

一つの方法で解くことができたら他の方法も考えさせる活動では，事前に問題をコピーする方法を教えておくことで，再度ノートに図をかいたり，教師から問題用紙をもらったりすることなく，学習を自分で進められます。FigJam/Canva の個人ノートとは別の場所に置いておくのも良いでしょう。

右の QR コードから
FigJam・Canva の
テンプレートを読み込んで
すぐに授業で活用できます。
（p.134~137参照）

6 6学年　円の面積

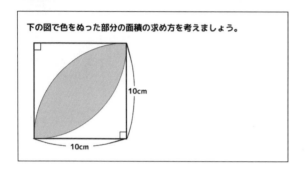

下の図で色をぬった部分の面積の求め方を考えましょう。

10cm

10cm

目　標

多様な方法で円を含む複合図形の面積の求め方を考え，図や式を用いて説明することができる。

1．FigJam/Canva のテンプレートを編集し，問題を人数分コピーする。名前や考え方を記入する枠を作成しても良い。

2．Google Classroom などを利用してリンクを子どもたちと共有する。

3．クラス全体で問題を把握する。どんな図形が組み合わさってできているかを把握するため，作図の過程を見せたり，円の$\frac{1}{4}$の図形を半透明にしたりして示したりする。

4．自分の考えを図や式を使って表す。友達が見たときにどのように考えたのかがわかるように，どの図形の面積を求めているのかを図で説明したり，途中の式に説明を加えたりするように意識させる。

5．友達に自分の考えを説明したり友達の考えを聞いたりする。もしくは友達の考えを説明し合う。

6．まとめと振り返りを行う。複合図形の面積もおうぎ形や三角形などのこ

れまでに学習した面積が求められる図形の組み合わせ方を考えれば求めることができることを確認する。

7. 授業後に「円を含む複合図形の面積の求め方を図や式を用いて説明している」ことや「多様な方法で円を含む複合図形の面積の求め方を考えることができたことを振り返り，価値付けていること」を評価する。

8. それぞれの子どもたちへの簡単なフィードバックを行う。

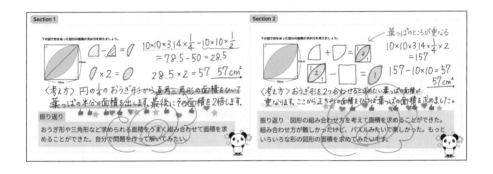

自分で図をかいて説明できることが望ましいですが，難しい場合には，$\frac{1}{4}$ 円や直角三角形の図形を色の違う半透明にして複数枚用意しておくと，それを使って子どもたちが自分のノートの説明に加えることができ，友達に説明する際にも役立ちます。

右の QR コードから
FigJam・Canva の
テンプレートを読み込んで
すぐに授業で活用できます。
（p.134~137参照）

正多角形をかくプログラム

2020年にプログラミング教育が必修化されました。「小学校プログラミング教育の手引」には，分類Aにおいて，第5学年の算数の例示があります。とはいえ，プログラミングに詳しい先生ばかりではないと思いますので，いざ指導するとなるとハードルがあります。

そんな先生にはぜひ「**Hour of Code**」の「**アナとエルサとコードを書く**」をお勧めします。20のレッスンが用意されていて，簡単な線を引くプログラムから始まり，途中には角度を計算する少し難しいプログラムもあります。問題が順番に出題されて正解だと次に進めるので，教師がプログラミングの指導をすることなく，子どもたちは自分のペースで学習を進められます。

正六角形をかくプログラム

一緒に考えている様子

最後は自由にプログラムを作れるので，プログラミングの学習をした後で，正多角形をかくように伝えましょう。2時間の構成で全てのレッスンが概ね終了し正多角形の作図もできるようになります。

右のQRコードからリンクを読み取り，リンクを子どもたちと共有しましょう。

第6章

C
測定（変化と関係）
での ICT 活用

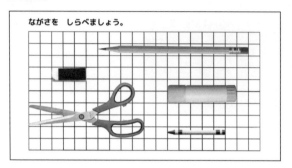

目　標
任意単位による長さの比較についての理解を深める。

1. FigJam/Canva のテンプレートを編集し，問題を人数分コピーする。名前や考え方を記入する枠を作成しても良い。

2. Google Classroom などを利用してリンクを子どもたちと共有する。

3. ます目1つを任意単位とすることを確認してから問題に取り組む。
「それぞれますのいくつ分の長さですか。」

4. 任意単位を使うと長さを数で表せることと「いくつ分」の数が大きいほど長いことをおさえる。
「えんぴつとのりではどちらがますのいくつ分長いですか。」
「けしごむとクレヨンではどちらがますのいくつ分長いですか。」
他にも自分たちで問題を作成して，解き合う活動を行うことができる。

5. 実際に1cm方眼の上にいろいろなものを置き，長さを測定して比較する。
方眼紙の上に置いて写真を撮影することで，写真に書き込むことができ，記録を残すことができる。

6. まとめと振り返りを行う。任意単位で数値化して表すことで長さを比較しやすいことを確認する。

7. 授業後に「任意単位で長さを数値化して表したり，長さを比べたりすることができている」ことや「任意単位による長さの比較ができたことを振り返り，価値付けていること」を評価する。

8. それぞれの子どもたちへの簡単なフィードバックを行う。

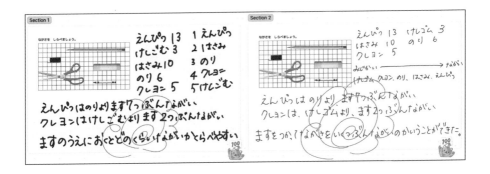

　この単元でははじめて量を比較・測定する活動に取り組みます。方眼紙の上に実物を置いて写真を撮影することや，実物を写真に撮って比較することで，直接比較や間接比較，任意単位による長さの比べ方を考えたり，数値で表したりする活動を経験し記録に残しておくことができます。それぞれの比べ方の良さや問題点について振り返りができるよう記録を残しておきましょう。

右の QR コードから
FigJam・Canva の
テンプレートを読み込んで
すぐに授業で活用できます。
（p.134~137参照）

①の　水とうには　1L3dL
②の　水とうには　1Lの　水が
入ります。
(1)水は　あわせて　どれだけ　ありますか

(2)2つの　水とうに　入る　水の　かさの　ちがいは
　　どれだけ　ですか

目　　　　標

体積の加減計算の仕方を理解する。

1. FigJam/Canva のテンプレートを編集し，問題を人数分コピーする。名前や考え方を記入する枠を作成しても良い。
2. Google Classroom などを利用してリンクを子どもたちと共有する。

3. クラス全体で問題を把握する。単位を付けた式を書いて加減の計算の仕方を考えさせる。
4. 計算の仕方を考える。長さの計算の仕方を想起させ，L がいくつ分とdL がいくつ分を考えれば良いことに着目し，同じ単位どうしを足したり引いたりすることを確認させ，まとめさせる。
5. 友達に自分の考えを説明したり友達の考えを聞いたりする。1 L がいくつ分，1 dL がいくつ分あるのかを考えて説明し，説明が難しい子どもや0 L と書いている子どもへの支援を行う。
6. 練習問題に取り組む。練習問題はテキストボックスで入力したものをコピーして配布したり，教科書の問題を写真に撮って配布したりすることで効率よく学習を進めることができる。

7．まとめと振り返りを行う。体積の加減計算では同じ単位の数どうしを計算すれば良いことを確認する。

8．授業後に「体積の加減計算の仕方を理解している」ことや「長さと同様に体積も単位をそろえることで加減計算ができたことを振り返り，価値付けていること」を評価する。

9．それぞれの子どもたちへの簡単なフィードバックを行う。

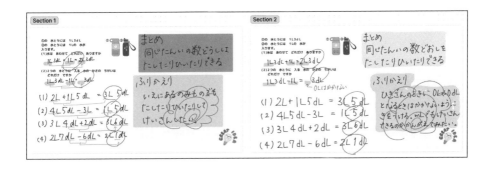

　計算の仕方を考える場面では，同じ単位どうしで色分けするとわかりやすくなります。FigJam/Canva の蛍光ペンなどを使って同じ単位を見つけて色を塗る活動を取り入れることで，子どもの理解をサポートすることができます。色を付けた付箋や図形に単位を書いておき，そのカードを使ってより単位を目立たせることもできます。

右の QR コードから
FigJam・Canva の
テンプレートを読み込んで
すぐに授業で活用できます。
（p.134~137参照）

③ 3学年　時こくと時間

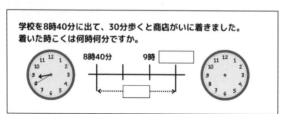

学校を8時40分に出て、30分歩くと商店がいに着きました。
着いた時こくは何時何分ですか。

8時40分　　9時

目　標

ある時刻から一定時間後の時刻や2つの時刻の間の時間を求めることがで
き，説明できる。

---

1. FigJam/Canva のテンプレートを編集し，問題を人数分コピーする。名
   前や考え方を記入する枠を作成しても良い。
2. Google Classroom などを利用してリンクを子どもたちと共有する。

3. クラス全体で問題を把握する。模型時計（実物でもデジタルでも OK）
   を提示して長針が12を指し，さらに超える場面であることを確認させる。
   9時は過ぎそうというおおよその時刻の見通しを持たせる。
4. どのように時刻を求めたら良いのか自分の考えを図や式を使って表す。
   数直線を使うことで説明しやすくなるが，数直線を最初から提示しない
   方法やヒントカードとして必要な子どもにだけ配布する方法もあるので，
   クラスの実態に応じて数直線は削除しておくと良い。
5. 友達に自分の考えを説明したり友達の考えを聞いたりする。
6. 2つの時刻の間の時間の求め方を考える。
   「商店がいを9時50分に出て，公園に10時10分に着きました。商店がい
   から公園まで，かかった時間は何分ですか。」

7. 数直線や式を使って自分の考えをまとめ友達と確認し合う。

8. まとめと振り返りを行う。時刻や時間を求めるときはちょうどの時刻を基に考えると求めやすいことを確認する。

9. 授業後に「時刻や時間を求めることができ説明することができている」ことや「ちょうどの時刻を基にすることで時刻や時間を求めることができたことを振り返り，価値付けていること」を評価する。

10. それぞれの子どもたちへの簡単なフィードバックを行う。

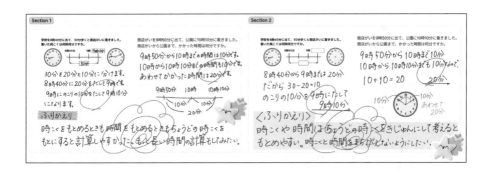

　針の書かれていない時計や数直線などは Canva の別のページや FigJam の隅に置いておき，必要な人に配布するか，もしくはヒントがほしい人が取りに来るようにしておくと良いでしょう。8時10分などの誤答が出る場合には，長針とともに短針も動く模型時計や「算数の動かせる時計教材」などで Google 検索して実際に30分動かす活動をさせてみましょう。

右の QR コードから
FigJam・Canva の
テンプレートを読み込んで
すぐに授業で活用できます。
（p.134~137参照）

1辺が1cmの正三角形を、下の図のように1列に並べます。
正三角形の数が20このときの、まわりの長さを求めましょう。

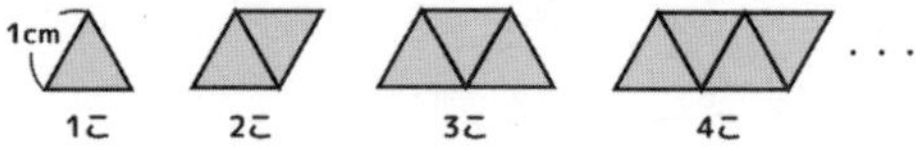

1cm

1こ　　2こ　　　3こ　　　　4こ　　・・・

正三角形の数(こ)						
まわりの長さ(cm)						

目　　標

伴って変わる２つの数量関係（差が一定）について，表を用いてその関係をとらえ，□や○を使った式に表すことができる。

1．FigJam/Canva のテンプレートを編集し，問題を人数分コピーする。名前や考え方を記入する枠を作成しても良い。

2．Google Classroom などを利用してリンクを子どもたちと共有する。

3．クラス全体で問題を把握する。まわりの長さとはどこかをはっきり示すために，まわりの長さを表す部分に色を塗って見せたり，それぞれの子どもの図の中に塗る活動をさせたりすると良い。

4．表を記入して気づいたことをノートに書かせる。表を横だけでなく縦にも見て対応の関係を調べさせる。表を横に見る見方は変化を捉える見方であり，表を縦に見る見方は対応を捉える見方である。

5．気づいたことを発表し，２つの数量関係を□と○を使った式に表す。
「正三角形の数を□こ，まわりの長さを○cmとして，□と○の関係を式に表しましょう。」

6．まとめと振り返りを行う。関係を式に表せば数が大きくなっても知りたい数を計算で求めることができることを確認する。

7．授業後に「伴って変わる2つの数量の変化の特徴に着目して関係について説明している」ことや「2つの数量関係を□と○を使った式に表すことができたことを振り返り，価値付けていること」を評価する。

8．それぞれの子どもたちへの簡単なフィードバックを行う。

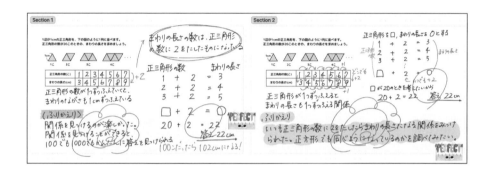

　FigJam や Canva の図形を活用すれば，20個でも100個でもコピーして並べることができます。実際に並べてみて，両端の三角形だけが2辺で間の三角形は1辺がまわりの長さになっていることにも気づくことができます。関係を式に表すことの良さを確認しながら，実際に並べてみることで2つの数量関係について深く考察することができます。

右の QR コードから
FigJam・Canva の
テンプレートを読み込んで
すぐに授業で活用できます。
（p.134~137参照）

下のA、B、Cのこみぐあいの順番を調べましょう。

A　　　　　　　B　　　　　　　C

	面積（㎡）	ねこの数（ひき）
A	6	9
B	6	8
C	5	8

目　　標

面積とねこの数が異なる場合の混み具合の比べ方を理解し，比べることができる。

1．FigJam/Canva のテンプレートを編集し，問題を人数分コピーする。名前や考え方を記入する枠を作成しても良い。

2．Google Classroom などを利用してリンクを子どもたちと共有する。

3．クラス全体で問題を把握する。混み具合を比べるのに必要な２つの量を明確にする。面積とねこの数がわかれば良いことが確認できたところで表を提示する。

4．AとBの混み具合，BとCの混み具合を比べる。AとBでは，Aの方が混んでいること，BとCでは，Cの方が混んでいることを確認する。

5．AとCの混み具合を比べる。自分の考えを図や式を使って表す。数直線に示したり式や言葉で説明したりするように意識させる。

6．友達に自分の考えを説明したり友達の考えを聞いたりする。

7．まとめと振り返りを行う。面積やねこの数のどちらか一方を揃えれば比べられることを確認する。

8．授業後に「混み具合の比べ方を面積とねこの数に着目して図や式を用いて説明している」ことや「面積やねこの数のどちらか一方を揃えて比べられたことを振り返り，価値付けていること」を評価する。

9．それぞれの子どもたちへの簡単なフィードバックを行う。

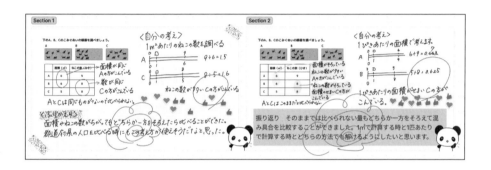

　数値を提示する場面では，表をコピーしてそれぞれのノートに貼り付けていくと，紙を配ったりノートにのりで貼ったりする必要がなく，効率良く授業を進めることができます。ホワイトボードでノート全員分を一覧で表示させている場合には，事前に全員分の表を移動させておくと，戻す操作ですぐに子どもたちのノートに貼り付けることができます。

右の QR コードから
FigJam・Canva の
テンプレートを読み込んで
すぐに授業で活用できます。
（p.134~137参照）

コピー用紙10枚の重さをはかったら47gありました。
この用紙500枚だと何gになりますか。

枚数 x (枚)	10	500
重さ y (g)	47	

目　標

比例の関係を活用した問題解決の方法を考え，表や式を用いて説明することができる。

1．FigJam/Canva のテンプレートを編集し，問題を人数分コピーする。名前や考え方を記入する枠を作成しても良い。
2．Google Classroom などを利用してリンクを子どもたちと共有する。

3．「コピー用紙500枚を全部数えないで用意する方法はないか考えてみよう」という場面設定を行う。枚数の変化に伴って，重さや厚さが変わることを確認し，１枚の重さでは測れないので10枚の重さを測ってみたという設定で，数値を提示する。
4．10枚の重さを基にして500枚の重さを考える。自分の考えを図や式を使って表す。友達が見たときにどのように考えたのかがわかるように，矢印を書き込んだり式や言葉で説明したりするように意識させる。
5．友達に自分の考えを説明したり友達の考えを聞いたりする。
6．自分の考えと友達の考えの共通点や違いについて話し合う。重さと枚数が比例することを使って考えていることが共通していて，表を横に見たり縦に見たりしているところが違いになる。

7. まとめと振り返りを行う。重さと枚数は比例する関係を使って，全部数えなくてもおよその枚数を用意できることを確認する。学習した後で実際に2350gを測り取り，約500枚あることを示すと良い。

8. 授業後に「比例の関係を活用した問題解決の方法を考え，表や式を用いて説明している」ことや「比例の関係を使っておよその枚数を用意することができることを振り返り，価値付けていること」を評価する。

9. それぞれの子どもたちへの簡単なフィードバックを行う。

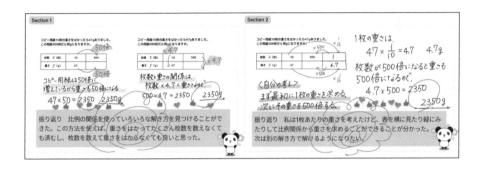

　自分の考えと友達の考えの共通点や違いについて話し合う場面では，Canva の別のページや FigJam の別の場所に付箋を活用して貼り付けていくと良いでしょう。付箋は複数選択して1クリックで整列させたり，並べ替えたりすることができます。

右の QR コードから
FigJam・Canva の
テンプレートを読み込んで
すぐに授業で活用できます。
（p.134~137参照）

身の回りの算数を探す活動に Padlet の活用

　小学校の算数では，身の回りの図形を探したり，長さやかさを調べたりする活動が多くあります。三角形と四角形や角柱と円柱などの図形を探すことや身の回りの長さやかさを測定することはとても大切な活動ですが，見つけただけで終わってしまわないようにオンライン掲示板アプリ Padlet を活用してみましょう。

　見つけた図形や測定した長さなどは写真に撮って Padlet に投稿します。Padlet に投稿していくことで，自分の見方だけでなく他の人が見つけた図形や測定した長さやかさについても知ることができ，学びを深めることができます。また，なかなか見つけられない子どもも共有されているボードを見て何を探せば良いのかを理解できるようになります。

身の回りの㎖や L を探す活動

　設定から「セクションで投稿をグループ化」を選択することで，子どもたちが投稿した写真を分類していく活動にも利用することができます。

Padlet の設定画面

第7章

D
データの活用での
ICT 活用

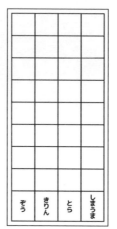

目　　標

ますを使ってものの個数を種類ごとに整理して表すことができる。

1. FigJam/Canva のテンプレートを編集し，問題を人数分コピーする。名前や考え方を記入する枠を作成しても良い。

2. Google Classroom などを利用してリンクを子どもたちと共有する。

3. 学習への興味・関心を高め，問題を把握する。どのようにすれば何が多いかがわかるかを問い，種類ごとの個数をわかりやすく整理する方法を考えることを本時の課題として引き出す。

4. イラストの動物を移動させて整理する。グループにしたり横に並べたりして子どもたちが整理していくことが予想されるが，動物の大きさが異なっているので集めたり並べたりしただけでは比較しにくいことに気づかせる。

5. 表を提示して整理の仕方を見いだす。動物のイラストを表のますの中に移動させて整理させる。ますに入れることで，同じ大きさでまっすぐ均等に並べられることなど，長さの学習と関連づけながら取り上げる。

6. まとめと振り返りを行う。ますの中に入れることで数を比べやすくなったことを確認する。

7. 授業後に「ものの個数を種類ごとに整理することができた」ことや「はじめのばらばらな状態から徐々に整理されていく様子を振り返り，価値付けていること」を評価する。

8. それぞれの子どもたちへの簡単なフィードバックを行う。

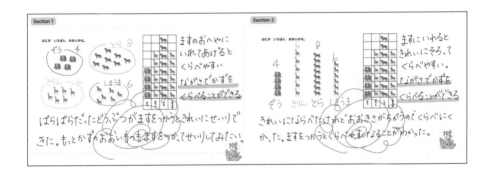

後から提示した表は，子どもの作業スペースに置いた後で，複数選択してロックしておくと，誤って表を移動させたり削除してしまったりするリスクを減らすことができます。

右の QR コードから
FigJam・Canva の
テンプレートを読み込んで
すぐに授業で活用できます。
（p.134~137参照）

**昼休みの　すごし方を
わかりやすく　あらわしましょう。**

校てい おにごっこ	教室 どくしょ	体いくかん なわとび	教室 おえかき
校てい ゆうぐ	校てい おにごっこ	教室 どくしょ	校てい ゆうぐ
教室 どくしょ	教室 おえかき	校てい なわとび	体いくかん おにごっこ
教室 おえかき	教室 どくしょ	校てい おにごっこ	教室 おえかき
教室 どくしょ	校てい なわとび	校てい おにごっこ	体いくかん なわとび
体いくかん おにごっこ	体いくかん なわとび	教室 どくしょ	校てい おにごっこ

（グラフ　たて：おにごっこ／なわとび／ゆうぐ／どくしょ／おえかき）

したこと	おにごっこ	なわとび	ゆうぐ	どくしょ	おえかき
人数					

目　標

身の回りにある数量を，整理する観点を決めて分類整理し，グラフや一次元表に表すことができる。

1．FigJam/Canva のテンプレートを編集し，問題を人数分コピーする。名前や考え方を記入する枠を作成しても良い。
2．Google Classroom などを利用してリンクを子どもたちと共有する。

3．クラスの人のことをもっとよく知るためという目的で，昼休みの過ごし方をカードに記入したという場面設定を行う。カードを見ただけでは状況を正確には掴みにくいことに気づかせ，昼休みの過ごし方についてわかりやすく表すという課題を共有する。
4．「場所」と「したこと」の２つの観点のうち，目的を達成するために，「したこと」に着目して整理していくことを確認する。

5. グラフを配布し，したことと人数を表現する。数を数えてからまとめて
   ○をかくのではなく，1つずつ印を付けながら○をかくように促す。

6. 表を配布する。グラフの人数を読み取り，表に表現する。

7. まとめと振り返りを行う。わかりやすく表すにはグラフや表を使うと良
   いことを確認する。

8. 授業後に「身の回りにある数量を分類整理し，グラフや表に表すことが
   できる」ことや「グラフや表に表すことで身の回りにある数量をわかり
   やすく表現できたことを振り返り，価値付けていること」を評価する。

9. それぞれの子どもたちへの簡単なフィードバックを行う。

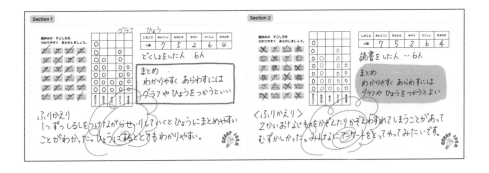

　グラフを完成させたら教師が内容を確認して表を配布しても良いですし，
表をコピーして置いておき，終わったら自分のスペースに持っていくのも良
いでしょう。

右の QR コードから
FigJam・Canva の
テンプレートを読み込んで
すぐに授業で活用できます。
（p.134~137参照）

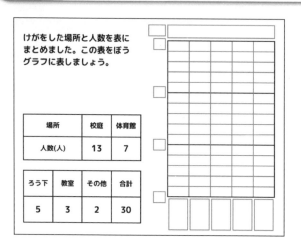

けがをした場所と人数を表に
まとめました。この表をぼう
グラフに表しましょう。

場所	校庭	体育館
人数(人)	13	7

ろう下	教室	その他	合計
5	3	2	30

目　標

棒グラフのかき方を理解し表から棒グラフにかき表すことができる。

1. FigJam/Canva のテンプレートを編集し，問題を人数分コピーする。名前や考え方を記入する枠を作成してもよい。

2. Google Classroom などを利用してリンクを子どもたちと共有する。

3. クラス全体で問題を把握する。棒グラフをかくときに最初に決めなければいけないことを考えさせ，最大値がかけるように1目盛りの大きさや項目名をかく欄はいくつ必要かなどを整理する。1目盛りの大きさについては深入りせず，最大値がグラフに収まることを確認する。

4. 表を見て，けがをした場所と人数を棒グラフに表す。横軸に種類をかく，目盛りの数と単位をかく，などのグラフのかき方の手順を伝える。グラフは長方形の図形を選択して色を塗ることができることを伝える。

5．かいた棒グラフを見てわかることを話し合う。校庭の人数は廊下の人数の2倍よりも多いことなど，棒グラフの特徴と関連付けながらまとめる。

6．まとめと振り返りを行う。データを棒グラフに表すことで伝わりやすくなったことを確認する。

7．授業後に「棒グラフのかき方を理解し，データを棒グラフに表すことができている」ことや「棒グラフに表して伝わりやすくなったことを振り返り，価値付けていること」を評価する。

8．それぞれの子どもたちへの簡単なフィードバックを行う。

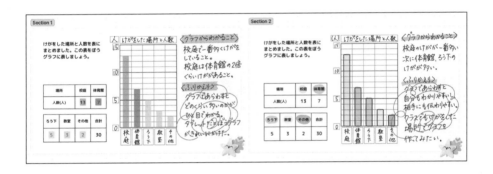

　　長方形の図形を選択して大きさを変更することで棒グラフをかくことができます。図形を選択して色を変更することができますし，色を塗らずに蛍光ペンで中を塗ることもできます。

右のQRコードから
FigJam・Canvaの
テンプレートを読み込んで
すぐに授業で活用できます。
（p.134~137参照）

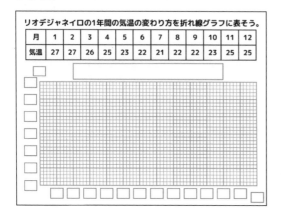

4 4学年　折れ線グラフと表

1年間の気温の変わり方（神戸）												
月	1	2	3	4	5	6	7	8	9	10	11	12
気温	6	6	9	15	19	23	27	28	25	19	14	9

リオデジャネイロの1年間の気温の変わり方を折れ線グラフに表そう。

月	1	2	3	4	5	6	7	8	9	10	11	12
気温	27	27	26	25	23	22	21	22	22	23	25	25

目　　標

折れ線グラフをかき，グラフの特徴や気温の変わり方を読み取り，比較することができる。

1．FigJam/Canva のテンプレートを編集し，問題を人数分コピーする。名前や考え方を記入する枠を作成しても良い。

2．Google Classroom などを利用してリンクを子どもたちと共有する。

3．クラス全体で問題を把握する。折れ線グラフのかき方を考えさせる。

4．折れ線グラフをかく。縦軸の目盛りは一番高い気温が表せるように考えてふることを意識させる。横軸と縦軸に数と単位をかくことや，それぞれの気温を表すところに点を打ち，点を直線で結ぶことなどの折れ線グラフのかき方について伝える。

5．かいた折れ線グラフを見て，リオデジャネイロの1年間の気温の変わり方について話し合う。

6．神戸とリオデジャネイロの1年間の気温の変わり方の違いをわかりやすく表す方法を考え，神戸の気温の変化を表すグラフを重ねてかく。

7．まとめと振り返りを行う。2つの折れ線グラフを重ねると変わり方の違いがわかりやすいことを確認する。

8．授業後に「重ねてかいた折れ線グラフから気温の変わり方に着目して特徴を読み取り説明している」ことや「重ねてかいたことで変わり方の違いがわかりやすいことを振り返り，価値付けていること」を評価する。

9．それぞれの子どもたちへの簡単なフィードバックを行う。

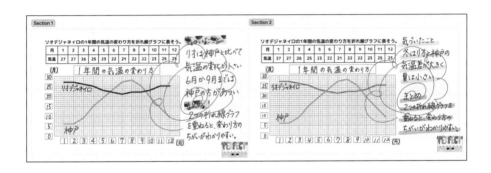

　ペンのツールで点をプロットした後は，線のツールで点と点を結び折れ線グラフをかいていくことができます。表が細かいのでペン先が細いタイプのタッチペンがあった方が子どもたちは操作しやすいです。

右のQRコードから
FigJam・Canvaの
テンプレートを読み込んで
すぐに授業で活用できます。
（p.134~137参照）

5学年　帯グラフと円グラフ

アンケートの結果をそれぞれ帯グラフや円グラフに表しましょう。

好きな給食のメニュー（低学年）

メニュー	人数(人)	百分率(%)
カレーライス	54	45
ラーメン	24	
ハンバーグ	14	
あげパン	12	
まぜごはん	10	
その他	6	
合計	120	

好きな給食のメニュー（中学年）

メニュー	人数(人)	百分率(%)
カレーライス	60	
ラーメン	30	
あげパン	17	
まぜごはん	15	
ハンバーグ	12	
その他	16	
合計	150	

好きな給食のメニュー（高学年）

メニュー	人数(人)	百分率(%)
カレーライス	54	
あげパン	31	
ラーメン	26	
まぜごはん	11	
シチュー	5	
その他	3	
合計	130	

目　標

帯グラフや円グラフのかき方を理解する。

1．FigJam/Canva のテンプレートを編集し，問題を人数分コピーする。名前や考え方を記入する枠を作成しても良い。

2．Google Classroom などを利用してリンクを子どもたちと共有する。

3．クラス全体で問題を把握する。それぞれの傾向を調べ，メニューを選ぶことができるようにするというグラフの目的を明確にする。

4．低学年，中学年，高学年のメニュー別の割合を求め，表に書かせる。小数点以下を四捨五入して計算するが，本時の目標はグラフをかくことであるため電卓のアプリなどを利用して効率よく計算させる。

5．帯グラフや円グラフをかく。合計が100% にならない場合の調整の仕方を伝え，割合の大きい順に各部分を区切っていくことを確認する。

6．グラフからデータの特徴を読み取り，気づいたことについて話し合う。

7. まとめと振り返りを行う。帯グラフはいくつかのグラフを比べるときにわかりやすく，円グラフはそれぞれの部分が全体のどれくらいかがわかりやすいことを確認する。

8. 授業後に「帯グラフや円グラフのかき方を理解しかくことができる」ことや「帯グラフや円グラフに表すことでわかりやすくなったことを振り返り，価値付けていること」を評価する。

9. それぞれの子どもたちへの簡単なフィードバックを行う。

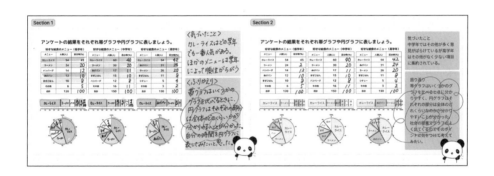

目盛りが細かく画面を拡大してもかきにくい場合には，図を拡大して書き込むと良いです。Shift キーを押しながら線を引くと縦か横に真っ直ぐな線が引けますが，円グラフでは斜めの線を引きたいので，線のツールを使ってかいた子どもの方が時間も短くきれいにかくことができていました。

右の QR コードから
FigJam・Canva の
テンプレートを読み込んで
すぐに授業で活用できます。
（p.134~137参照）

6学年　データの調べ方

度数分布表を下のようなグラフに表します。このグラフを見て、
1組、2組、3組のとんだ回数のちらばりの様子を調べましょう。

1組のとんだ回数

とんだ回数(回)	日数(日)
40以上～45未満	0
45　～50	0
50　～55	0
55　～60	3
60　～65	8
65　～70	3
70　～75	1

2組のとんだ回数

とんだ回数(回)	日数(日)
40以上～45未満	0
45　～50	0
50　～55	2
55　～60	4
60　～65	0
65　～70	5
70　～75	3

3組のとんだ回数

とんだ回数(回)	日数(日)
40以上～45未満	1
45　～50	0
50　～55	0
55　～60	6
60　～65	4
65　～70	2
70　～75	4

目　標

ヒストグラムの読み方，かき方について理解する。

1. FigJam/Canva のテンプレートを編集し，問題を人数分コピーする。名前や考え方を記入する枠を作成しても良い。
2. Google Classroom などを利用してリンクを子どもたちと共有する。

3. クラス全体で問題を把握する。ヒストグラムでは5回ずつにまとめてあるので全体のちらばりの様子が見やすいことを確認する。
4. 1組のデータを参考にしながらヒストグラムをかく。
5. ヒストグラムからデータの特徴を読み取り，気づいたことについて話し合う。ヒストグラムの特徴は，それぞれの階級の度数同士の関係が見やすいことや分布の範囲がわかりやすいこと，グラフ全体の形から集団の特徴が捉えやすいことなどがあるが，個人の記録や平均値／最大値／最小値などは読み取れないことにも気づかせたい。

6．まとめと振り返りを行う。ヒストグラムはちらばりの様子を視覚的に判断するのに便利であることを確認する。

7．授業後に「ヒストグラムに表すことができ，データの特徴について説明している」ことや「ヒストグラムに表し，データの特徴や分布の様子がわかりやすくなったことを振り返り，価値付けていること」を評価する。

8．それぞれの子どもたちへの簡単なフィードバックを行う。

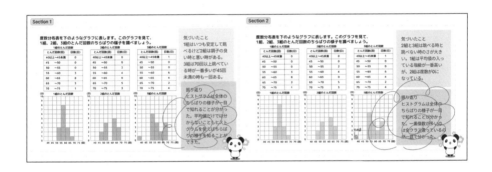

　ヒストグラムは図形ツールの長方形を活用し，大きさを修正していくことで簡単にかくことができます。コピーの仕方や半透明にすることで目盛りが読みやすくなることを伝えておくと良いです。ヒストグラムは棒グラフと違って連続量であり，となり合った階級が連続しているため，密着した柱が並ぶことに注意して指導しましょう。

右の QR コードから
FigJam・Canva の
テンプレートを読み込んで
すぐに授業で活用できます。
（p.134~137参照）

スプレッドシートの活用

　これまでグラフをかくときには方眼紙などを活用して手書きでかいていましたが，1人1台端末が整備された今，Excelやスプレッドシートを活用してグラフをかくことができるようになりました。

　私たちもグラフをかくときには当然Excelやスプレッドシートを使いますし，それらのツールを使ってグラフがかけるようになることは必要な能力となっています。

　例えば，p.128，129で扱った「帯グラフと円グラフ」では，百分率の計算をして帯グラフと円グラフを作るまで，慣れてくれば数分でできてしまいます。帯グラフや円グラフをかくことができる能力は当然必要ですが，それは手書きである必要性はなく，むしろExcelやスプレッドシートを使って作成できた方が今後役に立つ可能性が高いでしょう。

Dデータの活用_5年生_帯グラフと円グラフ ☆

ファイル　編集　表示　挿入　表示形式　データ　ツール　拡張機能　ヘルプ

C6　=B6/B11*100

	A	B	C	D	E	F	G	H	I	J	K
1	アンケートの結果をそれぞれ帯グラフや円グラフに表しましょう。										
2											
3	好きな給食のメニュー（低学年）				好きな給食のメニュー（中学年）				好きな給食のメニュー（高学年）		
4	メニュー	人数(人)	百分率(%)		メニュー	人数(人)	百分率(%)		メニュー	人数(人)	百分率(%)
5	カレーライス	54	45		カレーライス	60	40		カレーライス	54	42
6	ラーメン	24	20		ラーメン	30	20		あげパン	31	24
7	ハンバーグ	14	12		あげパン	17	11		ラーメン	26	20
8	あげパン	12	10		まぜごはん	15	10		まぜごはん	11	8
9	まぜごはん	10	8		ハンバーグ	12	8		シチュー	5	4
10	その他	6	5		その他	16	11		その他	3	2
11	合計	120	100		合計	150	100		合計	130	100
12											

スプレッドシートで百分率を計算

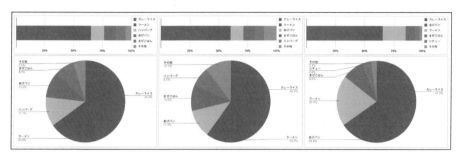

スプレッドシートで帯グラフと円グラフを作成

　グラフをかく能力ももちろん重要ですが，どんな目的を持ってそのグラフを作成するのか，そのグラフから何を読み取るのかもとても大切な学習です。グラフを作成するときは，何かについて知りたいとか，何かについて伝えたいという目的があるはずですので，得られた結果をその目的に合わせて上手に使うことが重要です。グラフは，結果を視覚的に表す便利な道具であり，グラフをうまく使うことによって，自分の考えていることを相手に的確に伝えることができます。

　割合を表すときには円グラフや帯グラフを利用し，データの散らばり具合を表すときにはヒストグラムを使うように，適切なグラフを選択できる力も必要です。また，作成したグラフからどんなことが読み取れるのかについても，データを正しく分析して特徴を捉えることができるように理解を深めておく必要があります。Excel やスプレッドシートを活用して様々なグラフを確認しながら複数のグラフを簡単に作成できることは，適切なグラフを選択できる力を養い，データを正しく分析するのに役立つでしょう。

　委員会活動など学校生活の中でアンケートを取ってグラフを利用する機会は多くあります。Google フォームやスプレッドシートをうまく活用してアンケートの集計からデータの可視化まで，子どもたちができるように算数科でその力を身につけさせていきたいですね。

付　録

FigJam テンプレート活用手順

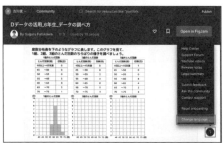

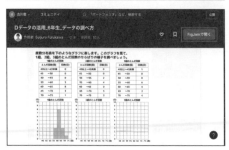

1．QR コードを読み込む（初回）

使いたいテンプレートの QR コードを読み込みます。左のような画面が表示された場合にはまだアカウントが作成できていませんので，右上の「Sign up」を押しましょう。

2．アカウントを作成する（初回）

Google アカウントやお持ちのメールアドレスでアカウントを作成します。名前や仕事内容についての質問に答えてアカウントを作成しましょう。

3．言語を日本語に変更（初回）

初期設定では英語になっていますので，日本語に変更しましょう。右下の「？」を押して「Change language」から「日本語」を選択して変更することができます。

4．QR コードを読み込む

ログインできている状態で QR コードを読み込むと左上に自分の名前が表示されます。「FigJam で開く」を選択してテンプレートを利用することができます。

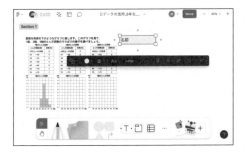

5．カスタマイズする

名前や気づいたことを記入する枠を作成したりや罫線を挿入します。1人分の学習スペースをセクションでまとめていますが，必要に応じて大きさを変更してください。

6．人数分コピーする

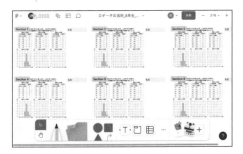

セクションを選択してコピーし，人数分貼り付けます。ショートカットキー（Ctrl + C，V）を使って効率良くコピーできます。教師が子どものノートの一覧を見やすいように配置していきましょう。

7．ロックする

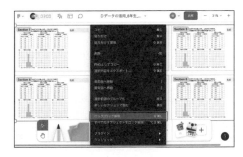

全選択（Ctrl + A）して右クリックから「ロック」を選択します。共有後に問題が移動されたり削除されたりするトラブルが少なくなります。子どもが自由に動かしたいものはロックしないでおきます。

8．共有する

右上の「共有」を選択します。「リンクを知っているユーザー全員」を「編集可」に変更します。「リンクをコピーする」を選択して，Google Classroom などで共有しましょう。授業中以外は「閲覧のみ」にすれば編集できなくなります。

Canva テンプレート活用手順

1．QR コードを読み込む

使いたいテンプレートの QR コード を読み込みます。左のような画面が 表示されますので「新しいデザイン にテンプレートを使用」を選択しま す。

2．アカウントを作成する（初回）

Google アカウントやお持ちのメー ルアドレスでアカウントを作成しま す。ホーム画面へ戻った時に利用目 的や教育現場について質問が表示さ れます。

3．カスタマイズする

名前や気づいたことを記入する枠を 作成したりや罫線を挿入します。ペ ージ番号と出席番号などを連動させ たり，事前に名前を記入したりして おくと，子どもたちも自分の学習ス ペースを把握しやすいです。左側の 素材から罫線を選択して挿入してお くと低学年でも記入がしやすくなり ます。学習スペースは「ホワイトボ ードに展開」して広くできますので， 問題は大きめに表示してしまって構 いません。

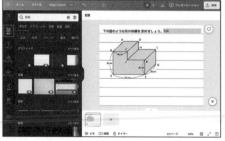

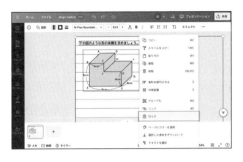

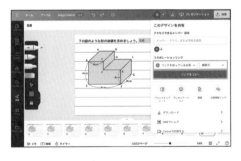

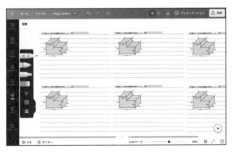

4．ロックする

素材を全選択（Ctrl + A）して右ク
リックから「ロック」を選択すると，
問題の削除や移動ができなくなりま
す。子どもが動かしたいものはロッ
クしないでおきます。

5．人数分コピーする

ページを選択してコピーし，人数分
貼り付けます。ショートカットキー
（Ctrl + C，V）を使って効率良くコ
ピーしていきましょう。アプリの
「一括作成」を利用する方法もあり
ます。

6．共有する

右上の「共有」を選択します。「リ
ンクを知っているユーザー全員」を
「編集可」に変更します。「リンクを
コピーする」を選択して，Google
Classroom などで共有しましょう。
授業中以外は「表示可」にしておく
と編集できなくなります。「課題」
を選択して，共同編集ではなくそれ
ぞれ個別の Canva で作業を行うこ
ともできます。ホワイトボードの機
能を活用すれば，FigJam と同様，
左のように，同じページに全員のノ
ートを集めて一覧で確認することが
できます。

🎤 おわりに ▭

　本書を執筆中に Google Jamboard が2024年に終了するとの知らせを受けました。私は算数の授業で様々なツールを使ってきましたが，Google Classroom，Jamboard，Google フォームの３つはほぼ毎日使っていたと思います。Jamboard はシンプルなデジタルホワイトボードでとても使いやすかったため，実は第４章以降のテンプレートを Jamboard で用意していました。しかしサービス終了の知らせを聞き，FigJam と Canva でテンプレートを作り直して授業を行いました。

　はじめは小学生が使いこなせるのだろうかという不安もありましたが，子どもたちは１時間もしないうちにツールを使いこなしてしまいました。
　特に使い方の説明をすることなく１時間でほとんどの機能を試していて，授業の最後にはみんなで使うためにはどんなルールが必要かについて話し合いました。

　子どもたちは私たちの予想以上に新しいツールを柔軟に受け入れることができ，必要に応じて助け合いながら活動を行うことができます。

　ICT を活用しないと実現できない学びへ到達するために，まずは今やっていることを ICT に置き換えてみてください。
　はじめの一歩を踏み出すのには勇気がいります。でも，子どもたちは試行錯誤しながらも柔軟にそれを受け入れて上手に活用していきます。
　先生がツールの使い方について完璧である必要はありません。子どもたちと一緒に試行錯誤しながら，時に教え合いながら使っていけば大丈夫です。私も失敗したときは子どもたちと一緒に解決策を考えたり，子どもたちから教えてもらったりすることはとても多くあります。

この本を読み終えて今まさにはじめの一歩を踏み出そうとしている先生は
それだけでも非常に素晴らしいことだと思います。しかし，はじめの一歩を
踏み出せずにいる先生も多くいることを知っています。

　そんなときにはまわりの先生を巻き込みましょう。

　学年の先生や使ってくれそうな先生に声をかけてみて一緒に使い始めてみ
ると良いと思います。一人では大変だったり勇気のいることだったりしても，
他の先生と一緒に使うことでその悩みを共有することができます。
　また，学校外でもオンラインの研修会などが多く開かれていますので，積
極的に参加することで，効果的な使い方について知ることができたり，新し
いツールの活用事例について学ぶことができたりします。

　YouTubeでは本書で紹介したツールについて動画で説明していますので，
ぜひそちらもご覧いただき，お役立ていただければ幸いです。
　そして，できたらぜひ実践した事例をご紹介ください。私もよく「こんな
使い方もできるのか」と学びになることが多くあります。うまくいったこと
もいかなかったこともぜひ共有していただけたら嬉しいです。

　最後になりましたが，本書を執筆するにあたり，明治図書出版の及川誠氏
には多大なるご尽力をいただきました。この場をお借りして，心より御礼申
し上げます。

古川　俊

〈Figma エデュケーションプランの申請について〉

・通常の教育プランの申請（先生の個人利用向け）：
プロフェッショナルプランの無料申請
https://www.figma.com/education/apply
※13歳以上しかお使いいただけません。13歳以下のご利用には，先生の方
で保護者の方に同意を取っていただく必要があります。
・教育委員会や自治体向けの教育プランの申請：
エンタープライズプランの無料申請
https://www.figma.com/ja/education/chromebooks/
※Google Workspace For Education が導入されていることが前提で，
Figma が発行する注文書（無料）にご署名をいただくことで13歳以下
でもご利用いただけます。

【著者紹介】

古川　俊（ふるかわ　すぐる）

小学校講師／高等学校 ICT 活用アドバイザー／大学講師

日本教育大学院大学修了後，私立中高数学教師として４年間，私立小学校教師として５年間教職を務める。

2019年 Google for Education 認定イノベーターを取得し，経産省実証事業で17自治体と Google Workspace を活用したオンライン学習での出席・学習評価モデルづくりのためのシステム設計を行う。Google for Education 認定トレーナー及びコーチの資格を取得し，多数の地域や学校で Google Workspace の研修やコーチングを行っている。

2021年より小学校講師，高校 ICT 活用アドバイザー，大学講師，企業への DX 推進アドバイザーなど，幅広く ICT の普及活動を行っている。

YouTube「AI・ICT 活用チャンネル」では教育現場で活用されている AI・ICT ツールの活用方法について解説している。

https://www.youtube.com/@suguru_sensei

ICT で変わる算数授業　はじめの一歩
１人１台端末を活かす授業デザイン

2024年３月初版第１刷刊　©著　者　古　　川　　　俊
　　　　　　　　　　発行者　藤　　原　　光　　政
　　　　　　　　　　発行所　明治図書出版株式会社
　　　　　　　　　　　　　　http://www.meijitosho.co.jp
　　　　　　　　　　　（企画）及川　誠（校正）川上　萌
　　　　　　　　　　〒114-0023　東京都北区滝野川7-46-1
　　　　　　　　　　振替00160-5-151318　電話03(5907)6703
　　　　　　　　　　　　　　ご注文窓口　電話03(5907)6668
＊検印省略　　　　　組版所　長野印刷商工株式会社

Printed in Japan　　　　　　ISBN978-4-18-296315-5
もれなくクーポンがもらえる！読者アンケートはこちらから

世界と日本の事例で考える
学校教育×ICT

京都大学大学院教育学研究科
教育実践コラボレーション・センター 監修
西岡加名恵 編

世界と日本の視点から学校教育×ICTの可能性を読み解く！

学校教育×ICTの可能性について，諸外国でのICT活用の状況と，世界の中における日本の視点から多角的に分析。「個別最適な学び」等ICTを活用した授業づくりの成功の条件や課題，臨床心理学や教育の情報化の視点，教育データの利活用などを解説した必携の1冊です。

A5判　160頁
定価 2,200 円（10%税込）
図書番号 5105

個別最適な学び×協働的な学び
を実現する学級経営
365日のユニバーサルデザイン

赤坂真二・上條大志 著

「個」「みんな」で出来ることを発見・体験してつながる学級経営

「個別最適な学び×協働的な学び」はあくまで手段であり，目指すべきは子ども達に力を育むことです。特別支援教育の視点を活かしたユニバーサルデザインな学級経営を土台に，個別最適な学び×協働的な学びを実現する1年間365日の学級づくりアイデアをまとめました。

A5判　152頁
定価 2,200 円（10%税込）
図書番号 2643

「わらべうた」から始める
音楽教育 幼児の遊び
実践編 上巻

十時やよい 著

3歳から始める！イラストでよくわかる「わらべうた」遊び実践編

「わらべうた」は，音楽教育につながるだけでなく，運動能力，知的能力，コミュニケーション能力までも育む，無限の可能性を秘めています。そんな力を育む幼児の遊びのポイントを，40年の実践と理論に基づきわかりやすくまとめた「わらべうた入門書」実践編です。

A5判　192頁
定価 2,266 円（10%税込）
図書番号 3221

新任3年目までに身につけたい
教師の指導術 10の原理・100の原則

教科書と自主開発教材でつくる
道徳授業 10の原理・100の原則

堀 裕嗣 著

今こそ身につけたい原理・原則を伝授

若手教師がおさえておきたい指導スキルの身につけ方と教師生活の基盤づくり，教科書教材と自主開発教材のコラボで，子どもの意欲が高まる道徳授業づくりについて，その原理・原則を解説しました。

教師の指導術 10の原理・100の原則
四六判 224頁 定価 2,486 円（10%税込）図書番号 2177
道徳授業 10の原理・100の原則
四六判 224頁 定価 2,376 円（10%税込）図書番号 2938

明治図書　携帯・スマートフォンからは 明治図書ONLINE へ　書籍の検索、注文ができます。▶▶▶

http://www.meijitosho.co.jp ＊併記4桁の図書番号（英数字）でHP、携帯での検索・注文が簡単に行えます。

〒114-0023　東京都北区滝野川 7-46-1　ご注文窓口　TEL 03-5907-6668　FAX 050-3156-2790